offert à Mons. antoine
Thompson d'abbadie
le 15 8bre 1858.

H. Lambot Damberge
N.

COUTUMES

GÉNÉRALES

DE LA VILLE ET CITÉ

DE BAYONNE
& Juridiction d'icelle ;

APPROUVÉES, ÉTABLIES

& confirmées par Édit perpétuel, & auto-
risées par Arrêt de la Cour de Parlement de
Bordeaux, du 9 Juin 1514.

A BAYONNE,
De l'Imprimerie de FAUVET-DUHART.

M. DCC. LXXIII.

LES COUSTUMES

DE LA VILLE ET CITÉ

DE BAYONNE

ET JURISDICTION D'ICELLE.

TITRE PREMIER.

Des Servitudes.

I.

RESCRIPTION de quelque temps que ce soit, n'a lieu en servitude urbane, ou rustique : ains faut que celuy qui pretend avoir servitude, en fasse apparoir par titre.

I I.

SI pour raison d'aucune servitude urbane, ou rustique, fins ou limites de maisons, jardins, ou autres heritages, y a question ou different entre les habitants de la ville, le different est discuté & decidé sommairement & de plain, sans figure de procès, par les experts jurez de ladite ville, à ce par le Maire & conseil de ladite ville deputez.

I I I.

ET si aucune des parties contendantes se dit estre grevée par les experts, peut avoir recours dedans neuf jours, à compter du jour du jugement desdits experts, aux Maire, Juratz & conseil. Lequel Maire ou son lieutenant a accoustumé soy transporter sur les lieux contentieux, avec trois Eschevins pour le moins, pour sur iceux ouïr derechef le different des parties sommairement & de plain, sans ordre de procès ; & doit bien deuëment visiter lesdits lieux contentieux, appellez avec luy autres experts, si requis en est, ensemble ceux qui ont donné la premiere sentence.

IV.

Eᴛ ce que par ledit Maire, ou son lieutenant & conseil, est dit & decidé, tient & sort son plain & entier effet, & à ce est contrainte la partie condamnée par toutes voyes deuës & raisonnables, non obstant appellation quelconque.

V.

Sɪ la partie qui se dit grevée par les experts, n'a recours, dedans ledit terme de neuf jours, auxdits Maire & conseil de la ville, le jugement qui a esté fait par les experts sort son plain & entier effet.

TITRE II.

Des dommages donnez ès heritages & biens d'autruy.

I.

Bᴇꜱᴛᴀɪʟ trouvé dedans verger à pommiers, ou en vigne, ou jardin raisonnablement cloz, ou champ de bled, estans en la jurisdiction de ladite ville, peut estre prins par le seigneur de l'heritage, ou ses serviteurs, ou autre voisin de ladite ville, pour l'amener au seigneur de l'heritage. Lequel peut detenir le bestail, jusques à ce que le seigneur du bestail paye l'amende & le dommage, & la despence que le bestail a fait pendant la detention & garde : lequel dommage est visité & taxé par les Jurez des terres.

I I.

L'AMENDE, s'ils sont trouvez deux, trois, quatre ou cinq chefz de bœufs, ou vaches, ou d'autre gros bestail, appartenant à mesme personnage, est de la somme de deux livres tournois, applicable moitié à la reparation de la ville, & l'autre moitié au seigneur de l'heritage.

I I I.

Et si lesdits deux, trois, quatre ou cinq chefz de bœufs, ou vaches, ou d'autre gros bestail, appartiennent à divers seigneurs, & qu'il y ait autant de seigneurs que de chefz de bestail, chacun des seigneurs dudit bestail pour chacun chef, paye l'amende d'une livre tournois, applicable comme dessus, ensemble le dommage & despens.

IV.

Eᴛ s'il est trouvé plus de cinq chefz de bœufs, ou vaches, ou d'autre gros bestail ès heritages appartenans à mesme personnage, le seigneur du bestail paye pour raison desdits cinq chefz, ladite amende de deux livres tournois, & pour chacun des autres qui sont plus de cinq, une amende d'une livre tournois davantage, ensemble le dommage & despens.

V.

Eᴛ si moutons, oueilles, chevres & boucs sont trouvez en aucun heritage, le seigneur ou dame d'iceux paye quatre sols d'amende pour chacun chef, applicable comme dessus.

VI.

Sɪ le seigneur du bestail nye, que ledit bestail ait esté trouvé ès heritages, le seigneur ou dame de l'heritage, ou son serviteur, ou autre qui l'a trouvé, est creu par son serment, pourveu qu'il soit homme de bonne & honneste conversation, & tel tenu & reputé.

VII.

Sɪ le seigneur, dame, ou serviteur, ou autre

voisin, ne peut prendre le bestail ès heritages
pour icelui retenir, parce que ledit bestail se
seroit mis en fuite, est permis au seigneur ou
dame de l'heritage, ou à sa famille, ou autre
voisin de ladite ville, si c'est bestail bon à man-
ger, le tuer où il le peut faire, en le suivant
indifferemment, s'il appartient à homme d'autre jurisdiction : & si le bestail appartient à
homme de la jurisdiction, pareillement le peut
tuer audit cas, s'il ne connoist le seigneur du
bestail.

VIII.

ET paye neantmoins le seigneur du bestail
l'amende & dommage, en la maniere que dessus, si mieux il n'aime laisser le bestail pour
le dommage & amende.

IX.

ET si le bestail ne peut estre prins ou tué
respectivement, la garde du bestail peut estre
prins & detenu, jusques à satisfaction de ce
que dessus.

X.

SI le seigneur du bestail trouve esdits heritages, ou son serviteur, & la garde dudit bestail resiste à ce que le seigneur de l'heritage, ou son serviteur, ou autre voisin de ladite ville, prenne & emmene ledit bestail, ou par force en l'emmenant le luy oste, iceluy seigneur du bestail paye l'amende telle que dessus, & le dommage.

X I.

ET davantage, pour la resistance ou force, la somme de deux livres quinze sols tournois, applicable comme dessus.

X I I.

ET est creu le seigneur ou dame de l'heritage par son serment, ou le serviteur, ou autre voisin, auquel a esté resisté ; pourveu que soient gens de foy & honneste conversation, & pour tels tenuz & reputez.

X I I I.

LESDITES amendes & peines n'ont lieu, quand le bestail est trouvé en vignes, vergers, ou autres heritages delaissez à cultiver, mais en ceux seulement que l'on entretient en culture.

XIV.

Sı en pasturant ou passant chemin, aucun bestail entre en heritage d'autruy, & celuy qui en a la garde suit diligemment le bestail, pour le mettre hors l'heritage d'autruy, auquel est entré, & le met dehors, le seigneur du bestail n'en paye aucune amende, mais seulement paye le dommage.

X V.

Sı aucun bestail entre en terre d'autruy non labourée, & en laquelle n'a aucuns arbres, ou autres choses plantées portans fruits pour l'usage de l'homme, ou en aucun bois, que le seigneur a accoustumé clorre ou fermer ; en tel cas n'y eschet amende aucune, ne reparation de dommage.

X V I.

Sı aucun trouve porceaux en son heritage, les peut tuer, carnaller, & faire son profit : & s'il ne les peut atteindre & sçait de qui sont, peut faire contraindre le seigneur d'iceux payer douze sols tournois pour chacun chef, ensemble le dommage qu'ils auront fait en l'heritage.

XVII.

Eᴛ en tous lesdits cas, si le seigneur du bestail veut icelui recouvrer des mains du seigneur de l'heritage, qui l'a pignoré, & veut estre ouï en ses deffences, est preallablement tenu consigner jusques à la somme de ladite amende, entre les mains du Maire ou son lieutenant, en or ou en argent, monnoyé ou à monnoyer.

XVIII.

Eᴛ outre si le seigneur du bestail ne possede immeubles, est tenu bailler pleges & cautions entre les mains du Maire ou son lieutenant, pour l'estimation du dommage par le bestail inferé : & ce fait est procedé pardevant ledit Maire ou son lieutenant, sommairement & de plain, & sans figure de procès, sur le fait & estimation du dommage, & dire des parties.

XIX.

Eᴛ quand le seigneur de l'heritage ne peut trouver le seigneur du bestail, est accoustumé icelui faire crier par auctorité du Maire ou son lieutenant, autour de ladite ville, par trois jours consecutifs, menant le bestail par-mi ladite ville, en faisant lesdites criées. Et si pendant lesdits trois jours ne se montre aucun seigneur du bestail qui a donné le dommage, est delivré au plus offrant & dernier encherisseur : & de l'argent qui en vient le seigneur de l'heritage est payé, tant de l'amende que dommage & despens sur ce faits ; & s'il n'est trouvé aucun achepteur, le bestail est appreçié par experts.

X X.

Et si la valeur d'iceluy surmonte lesdites amendes & estimations de dommages & despens, le seigneur de l'heritage preallablement satisfait, le surplus est mis entre les mains de justice, pour le garder au seigneur du bestail, s'il vient dedans deux mois après la delivrance ; autrement est employé à la reparation de ladite ville : & si le bestail n'est estimé à la valeur de l'amende & estimation de dommage & despens ou plus, est adjugé & delivré pour le tout au seigneur de l'heritage.

XXI.

Et si aucun de l'aage de dix ans ou plus, entre de nuit en vigne, verger, jardin, ou autre heritage cloz, en temps que les fruitz y sont, ou de jour homme inconnu, ou de petite reputation, & rompt la porte ou closture, & prend du fruit contre la volonté du seigneur, iceluy seigneur, ses serviteurs & famille, ou autre voisin, peuvent prendre tel personnage de leur propre auctorité, & le mener prisonnier pardevers le Maire ou son lieutenant.

XXII.

Et tient prison, jusques à ce qu'il a payé la somme de cent sols tournois, applicable la moitié à la reparation & affaires de ladite ville, & l'autre moitié au seigneur de l'heritage.

XXIII.

Et davantage, repare le dommage qu'il a inferé. Lesquels seigneur ou dame, serviteur ou autre personnage, qui a pris le prisonnier, s'ils sont gens dignes de foy, sont creuz à leur serment, sans autre tesmonaige sur ce qu'ils disent avoir veu & trouvé le personnage en l'heritage.

XXIV.

Et la brisure de porte ou closture est prou-
vée incontinent par l'evidence du fait, ou s'il
a esté fermé incontinent, par tesmoins, qui
ayent veu la brisure ou rompure.

XXV.

Mais si celuy qui est trouvé de jour en l'heritage en temps de fruitz, avec brisure de porte ou closture, est homme connu & d'appa-
rence, celuy qui l'a prins ne le peut mener
que jusques à quelque lieu, où il puisse trouver tesmoins, pour testifier qu'ils l'ont veu
prins, & veu la brisure ou rompure, & là le
laisser.

XXVI.

Et après le seigneur de l'heritage doit dres-
ser ses actions contre luy, & est creu celuy
qui l'a prins, en la maniere que dessus.

TITRE III.
Depost, Societé & Mandat.

I.

SI l'on baille aucune somme d'argent ou autre meuble à aucun en depost, qu'est vulgairement dit *commane*, sans faire aucun pacte de l'employer en aucune negociation, ou marchandise; celuy qui a prins telle garde & commane, & refuse le rendre, est contraint par le Maire & son conseil, le rendre à celuy qui le luy a baillé, toutes heures que requis en est, s'il n'y a terme prefigé : & où il y a terme, le terme passé, sans avoir regard à l'allegation de compensation, que celuy qui a prins la garde voudroit alleguer, ne autre exception.

II.

RESERVÉ seulement l'exception de perte par cas fortuit, duquel apparust notoirement.

III.

SI l'on baille somme d'argent ou autre chose, pour l'employer en marchandise ou negociation en la cité seulement, & avec pacte de gain ou perte, & celuy qui a baillé ladite somme ou autre chose, requiert compte de la marchandise, tel facteur est contraint par ledit Maire & son conseil, luy rendre compte dedans deux jours, cessans toutes excusations.

I V.

En rendant le compte, la somme principale ou valeur d'autre chose, qui est baillée pour estre employée en marchandise ou négociation, doit estre preallablement & sans delay, baillée & rendue à celuy qui l'a baillée, s'il le requiert, ou se trouve entierement en l'estimation de toute la negociation.

V.

Et ce fait, le gain, si aucun en y a, & duquel celuy qui a demené ladite negociation est creu par son serment, est departi entre eux, selon ce qui a esté pactisé & accordé.

V I.

Et si celuy qui a eu la charge de ladite negociation, dit, qu'il y a perte & diminution

du

du principal, en doit faire apparoir deuëment; car autrement n'en est creu par son serment.

VII.

Eᴛ en deffaut d'en faire deuëment apparoir, doit estre contraint à rendre & restituer le principal.

VIII.

Cᴇʟᴜʏ qui reçoit aucune somme ou autres choses d'un seul personnage, pour les aller employer, vendre, ou permuter en autres lieux ou païs, hors ladite cité, sans faire aucun pacte de gain ou perte, doit porter & bailler incontinent après son retour, l'argent ou marchandise qu'il a eu & recouvert, des choses qui luy ont esté baillées, à celuy qui les luy a baillées.

IX.

Eᴛ à ce est contraint par le Maire & son conseil, s'il en est requis, & par detention de sa personne, sans admettre aucune compensation, ne autre exception.

X.

Rᴇsᴇʀᴠᴇ́ seulement l'accident des cas for-

B

tuitz, au moyen duquel apparoisse notoirement, qu'il ait perdu les choses qu'il a receuës.

X I.

ET en rendant les choses par luy receuës,
ou faisant apparoir notoirement du cas fortuit advenu, celuy qui a baillé la charge le
doit payer incontinent de son salaire, selon
qu'il auroit entre eux esté accordé, ou autrement selon qu'il est accoustumé faire en
semblable cas.

X I I.

SI un mesme personnage reçoit de diverses
personnes plusieurs & diverses sommes, ou
autres choses, pour icelles employer & con-
vertir en autres choses, est aussi contraint
rendre à chacun respectivement leur marchandise, ou ce qu'il a receu, au cas qu'il ait employé separément ce qu'il a receu de chacun
d'eux ; & doit aussi estre payé de son salaire.

X I I I.

ET si celuy qui a prins telles charges de
plusieurs personnages, a employé le tout en

bloc, en une ou diverses especes de marchandises, doit, incontinent après son retour, denoncer & declarer la marchandise qu'il a apportée, à tous ceux qui luy en ont baillé charge, & mettre le tout devers l'un d'eux, du consentement de tous les autres.

XIV.

ET en cas qu'ils ne s'en peussent entre eux accorder, la marchandise est mise entre les mains de celuy qui par justice est ordonné, & d'ilec en hors chacun doit prendre sa part & portion.

XV.

ET celuy qui a prins la charge est payé de son salaire.

XVI.

ET si sur la tradition & baillance de telles charges, y est entrevenu pacte de gain ou de perte, celuy qui a prins la charge est contraint les rendre & restituer respectivement, en la façon declarée ès precedents articles.

XVII.

ET le principal, s'il se trouve en nature, ou

estimation, doit estre preallablement rendu
& restitué à celuy qui l'a baillé.

XVIII.

Et le gain, si aucun en y a, & sur lequel
celuy qui a prins la charge est creu à son serment, est desparti entre eux selon qu'a esté
accordé.

XIX.

Et s'il dit qu'il y a perte, en doit faire deuëment apparoir; car autrement n'en est creu,
posé qu'il veuille jurer.

X X.

Et en deffaut d'en faire apparoir, est contraint payer & rendre le principal, comme
dessus a esté dit.

X XI.

Si aucun prend cabal d'un autre, ou fait
compagnie ou societé, à moitié, tiers ou quart
de gain, & auparavant que rendre le cabal,
ou se despartir de la compagnie, lui advient
aucun accident, à l'occasion duquel il perd
le cabal ou les choses de la compagnie; il doit
faire apparoir deuëment dudit accident à celuy

de qui il tient ledit cabal, ou à son compagnon.

XXII.

AUTREMENT celuy de qui il tient le cabal, ou l'autre compagnon, est toujours parsonnier en tous les gains & profitz qu'il fait, jusques à ce qu'il ait fait apparoir deuëment dudit accident.

XXIII.

QUAND celuy qui a prins cabal d'autruy le veut rendre, doit mettre ledit cabal entre les mains & pouvoir de celuy qui le luy a baillé, & tout l'accroissement & gain qui s'en est ensuivi, ès mains de justice.

XXIV.

ET ce fait, doit faire le compte, & prendre sa part du gain, duquel doit estre creu par son serment.

XXV.

TOUTESFOIS s'il faisoit compte de perte, la doit prouver comme dit est.

XXVI.

SI aucun habitant de ladite cité prie ou

donne charge à un autre qui va en Flandres, Angleterre, ou autre pays hors ladite cité, pour achapter marchandise, qu'il luy veuille achapter aucune marchandise sans luy bailler argent, & à son retour il ne porte marchandise d'autre sorte ou condition, que celle dont a esté prié & accepté charge ; ne doit compter ladite marchandise de moindre n'à plus haut prix de profit, que les autres marchandises qu'il a achaptées pour luy, mais seulement à semblable profit d'icelles.

XXVII.

TOUTESFOIS si en employant son argent en l'achapt des marchandises dont a esté prié & accepté charge, a déclaré & fait attestation par devant tesmoins, que s'il employoit son argent pour soy, l'employeroit en marchandise de condition telle, qu'il y auroit plus grand gain, qu'en celle de laquelle a prins charge ; celuy qui l'a prié ou donné charge, luy doit bailler semblable profit & gain qu'il auroit fait en la marchandise en laquelle eust employé son argent, n'eust esté la charge à luy baillée.

TITRE IV.

Des Venditions & autres alienations de biens,
tant meubles que immeubles.

I.

M<small>INEUR</small> de vingt-cinq ans ne peut vendre, donner, quitter, engager, assen-
ser à long temps, ou autrement aliener, aucune chose immeuble, sans authorité de tu-
teur ou curateur, & decret de juge, inquisition deuë precedente faite avec les parents
des mineurs, tant du costé du pere que de la
mere, ou affins d'iceluy mineur, en faute ou
deffaut de parents.

II.

E<small>T</small> si autrement alienation est faite par mineur de vingt-cinq ans, est de nulle efficace
& valeur.

III.

T<small>OUTESFOIS</small> l'achapteur recouvre l'argent
qu'il a baillé, s'il prouve qu'il ait esté converti
en l'utilité du mineur, ou que par cas fortuit
est advenu que l'argent n'a esté converti en
l'utilité du mineur.

I V.

MOINDRE de dix-huit ans & majeur de quatorze, non ayant curateur, peut louer choses immeubles pour un an, & l'an fini pour un autre : & ainsi des autres après, jusques audit aage de dix-huit ans.

V.

ET s'il veut louer à deux ou trois ans, ou autre plus long temps, jusques à dix ans exclufivement, faire ne le peut sans le consentement de ses parents, & affins au cas qu'il n'eust parents.

V I.

MAJEUR de dix-huit ans, mineur de vingt-cinq ans, non ayant curateur, peut louer chose immeuble, jusques à neuf ans seulement, sans aucun consentement de parents.

V I I.

MAJEUR de vingt-cinq ans seigneur de ses droits, peut aliener à sa volonté tous ses biens, soit biens acquis ou de succession, meubles ou immeubles.

VIII.

MAJEUR de vingt-cinq ans, non estant en puissance d'autruy, & de ses droits deuëment certioré, qui est sçachant & present à la vendition, donation, obligation, ou autre alienation, qui par autruy est faite de sa chose, ou en laquelle autrement il a droit, & n'y contredit ou proteste, presents les contractants, perd sa chose, ou le droit qu'il a en icelle, tellement qu'il ne le peut plus quereller.

IX.

ET a ladite coustume lieu au moindre de vingt-cinq ans, majeur de dix-huit, quand la chose est alienée en contract de mariage, par titre de dot ou donation pour nopces.

X.

CHACUN habitant de ladite ville & cité peut vendre, constituer & assigner rente annuelle sur ses biens, à raison de sept & demi pour cent seulement, & iceux obliger au payement de ladite rente ; posé que le consentement du seigneur direct n'y soit, s'il n'est qu'il fust dit le contraire en la baillette faite par le seigneur direct.

X I.

LAQUELLE rente, proprement dite *rente sei-che* ou *volante*, est amortissable & rachaptable à perpetuité, par le vendeur, ses heritiers, ou autres successeurs en la chose obligée, soit à titre singulier, onereux ou lucratif, à leur volonté, toutes & quantes fois qu'ils voudront rendre & payer le sort principal avec les arrerages, pour le temps contenu en l'ordonnance, si aucuns en y a, & la rente de l'année en laquelle il fait le rachapt, pour raison du temps qui sera passé de la derniere année au temps du rachapt.

X I I.

MAIS l'achapteur de telle rente ne peut contraindre le vendeur à luy rendre son sort principal, contre la volonté d'iceluy vendeur.

X I I I.

FROMENT, vin, citre ou pommade, huile, avoine, pois, feves & autres vivres, exposez venaux en detail à certain prix ou mesure, ne peuvent, deslors en avant qu'ils ont esté mis à certain prix par le marchand, estre vendus

à plus haut prix, soient lesdits vivres en navire, bateau, chalant, grenier, pipe, barrique, ou autre lieu, sur peine de perdition de
de tels vivres, applicables à la reparation de
la ville.

XIV.

ACHAPTEUR de marchandises exposées venales publiquement au marché, en jour de
marché ou en temps de foires, ne perd l'argent ou ce qu'il a mis & exposé ès choses
achaptées, posé qu'elles ne fussent du vendeur, ains eussent esté desrobées ; car le seigneur de la chose, ou marchandise, ou chose
vendue, qui veut vendiquer ladite chose, faut
qu'il paye preallablement audit achapteur de
bonne foy, la somme ou autre chose qu'il en
a baillée.

X V.

ET davantage, si c'estoit chose où falloit
faire despence, comme cheval & semblable,
faut que le vendicant rembource l'achapteur
de la despence, que pour le cheval demou-
rant à l'estable auroit esté faite depuis le jour

de ladite vendition, & ce à la connoissance
de deux experts.

XVI.

RESERVÉ l'action du seigneur vendicant
contre le larron.

XVII.

AUCUN habitant de ladite ville ne doit aller
au devant des navires ou bateaux venants à
ladite ville, devers le Boucaut, ou devers
Horgave, lesdits lieux inclus, ne au long de
la riviere de Nyve, ou au devant autres por-
tants vivres par terre, jusques aux dectz an-
ciens, achapter les vivres qui sont dedans
lesdits bateaux ou navires, ou autrement conduits par terre, pour après iceux vendre ; sur
peine de perdre lesdits vivres achaptés, applicables à la reparation des murailles & fossez
de ladite ville.

XVIII.

BLEDZ & sel conduits & portez en navire
jusques à la ville & cité, ne peuvent estre des-
chargez & mis en grenier, avant qu'ils ayent
esté tenus dix jours venaux à la planche, &
à chacun qui en veut achapter.

XIX.

Si aucune marchandise est vendue par le moyen d'un corratier, & après en soit question entre le vendeur & l'achapteur, si le different est seulement sur le prix, le jugement se fait par le rapport du seul corratier.

XX.

Sinon que fust question de grande somme, ou que l'autre partie voulsist prouver son intention par plusieurs tesmoins.

XXI.

Mais si le different estoit sur les pactes & conventions, ou sur l'espece ou qualité de la marchandise, un corratier ne vaut qu'un tesmoin.

TITRE V.

De Retraict des choses vendues.

I.

Vendeur des biens à luy obvenus de lignée, vulgairement dits *de papoage*, après qu'il a convenu du prix avec l'achapteur, avant qu'il baille la chose qu'il veut vendre,

doit faire presentation au plus prochain lignager du costé dont les choses sont venues,
descendant du tronc du premier acquerant,
& luy declarer le vray prix & conventions de
la vendition accordée, moyennant serment,
s'il en est requis par le lignager.

II.

Et n'est le vendeur tenu requerir autres lignagers que le prochain, quand il est present,
jaçoit qu'iceluy prochain soit refusant.

III.

Telles presentation, declaration & verifi-
cation se doivent faire par escrit, parlant à
la personne du prochain lignager, s'il est present à la cité; ou s'il est absent, à sa maison
ou domicile, où il a accoustumé demourer,
parlant au principal personnage qui lors est
en sa maison ou domicile.

IV.

Et si le proche lignager absent n'a domicile
ou habitation, les presentation & declaration
doivent estre faites par le vendeur en ladite
cité, par devant le Maire ou son lieutenant &
conseil, en jour de conseil ordinaire.

V.

QUAND les presentation & declaration sont faites parlant au prochain lignager, iceluy lignager a neuf jours pour declarer s'il veut retenir la chose vendue ; dedans lequel temps de neuf jours, s'il la veut retenir, faut qu'il le declare au vendeur, & luy presente réaument & de fait la somme, & accomplisse autres choses accordées entre le vendeur & l'achapteur.

V I.

ET si le vendeur refuse accepter les sommes & accomplissement du contract, presentez par le lignager, iceluy lignager doit consigner ladite somme, & autrement accomplir le contenu au contract, par devant le Maire ou son lieutenant : & ce fait la chose vendue luy est delivrée par le Maire ou son lieutenant, jurant qu'il la veut pour luy & non pour autre.

V I I.

QUAND en absence du proche lignager, les presentation & declaration sont faites à la maison ou domicile au principal personnage, ou en deffaut de domicile au Maire ou son lieutenant & conseil respectivement, peuvent declarer en faveur de l'absent lignager, qu'ils veulent avoir le delay desdits neuf jours, dedans lequel terme, si le lignager retourne, peut faire la retention, si bon luy semble, faisant les choses susdites.

VIII.

ET si le proche lignager ne retourne pendant le delay de neuf jours, le vendeur est tenu faire la presentation & declaration à celuy qui est après plus prochain lignager, & en absence du second au tiers, & consecutivement aux autres en absence des plus prochains, jusques au quart degré inclusivement.

IX.

LEQUEL lignager en subsequent de degré, à qui ainsi est faite telle presentation, en absence d'autre plus prochain, a lesdits neuf jours pour user de retention, faisant les choses susdites.

X.

X.

Sɪ aucun des lignagers ne fait la retention, pour ce qu'ils sont absents, ou autrement faire ne le veulent, le vendeur doit faire presentation au seigneur direct, dit vulgairement *le seigneur de prinfief*, lequel seigneur faisant & accomplissant les choses susdites, peut retenir la chose vendue, tant pour luy que pour autruy.

X I.

Eᴛ s'il y a plusieurs conseigneurs directs de mesme prinfief, ou bien que la chose vendue soit sujette à plusieurs prinfiefs, & par ainsi à divers seigneurs, telles presentation & declaration se font à tous les seigneurs d'un mesme prinfief, ou divers seigneurs de divers prinfiefs.

X I I.

Eᴛ si les conseigneurs ou divers seigneurs ne se peuvent accorder entr'eux, lequel d'eux fera la retention, s'il en y a quelqu'un qui soit parent du vendeur, est preferé ; s'il n'en y a aucun de parent, le different est dirimé par

sort, & celuy des conseigneurs qui obtient
au sort, fait la retention de la chose vendue.

XIII.

TOUTESFOIS si le lignager absent retourne
dedans an & jour, à compter du temps de la
retention faite par le seigneur direct, peut recouvrer la chose retenue dedans neuf jours
après qu'il est revenu, faisant & accomplissant ce que dessus a esté dit, & payant tous
loyaux decoustements faits en la chose retenue par le seigneur direct, ou par celuy en
faveur de qui le seigneur l'avoit retenue.

XIV.

TELLE faculté de pouvoir recouvrer la chose
vendue retenue, est gardée entre les lignagers
selon l'ordre de priorité & postériorité, quand
en absence du plus prochain, celuy des lignagers qui est plus loin en degré, a retenu la
chose vendue, & après le plus prochain lignager retourne.

XV.

S'IL y a plusieurs lignagers en mesme degré, les presentation & declaration sont faites

au plus aagé & ancien des dits prochains, qui
par la coustume est preferé aux autres, qui
sont en mesme degré à retenir la chose vendue; posé ores que les autres après nés soient
parents du costé du pere & de la mere, &
que l'ancien ne le soit que du costé dont la
chose est descendue ou provenue.

XVI.

ET pareillement les enfants descendants en
premier degré de l'ancien, sont preferez à
leurs oncles & autres paternels ou maternels.

XVII.

QUAND en deffaut de ce que le plus prochain lignager present ne veut retenir la chose
vendue, le vendeur, qui n'est tenu faire presentation aux autres lignagers en plus bas degré, fait les presentation & declaration au
seigneur direct, qui retient la chose vendue:
les autres lignagers que le prochain qui a re-
fusé, descendants du premier acquerant selon
leur ordre, peuvent recouvrer & retenir la
chose pour eux-mesmes, & non pour autruy,
durant l'espace d'un mois, à compter du jour

que les presentation & declaration ont été faites au seigneur direct.

XVIII.

CE que dit est, que presentation doit estre faite par le vendeur au plus prochain lignager, & au refus du plus prochain au seigneur direct, lequel la peut retenir pour soy & pour autruy, n'a lieu ès maisons & places qui sont assises en la rue des Mareschaux ou Faures de ladite ville ou cité.

XIX.

CAR si aucune desdites places ou maisons se vend, le vendeur n'est tenu faire presentation au lignager, s'il n'est faure ou mareschal ; & quelque presentation qui en soit faite au seigneur direct, le seigneur ne les peut retenir pour soy ne pour autruy, s'il n'est faure ou mareschal.

XX.

QUAND partie d'aucune chose commune entre deux ou plusieurs personnages, soit de lignée ou de conqueste, se vend, telles presentation & declaration doivent estre faites au consort ou consorts, qui sont preferez aux lignagers & seigneur direct.

XXI.

QUAND aucun vend aucune chose immeuble par luy acquise, n'est tenu faire les presentation & declaration au lignager, mais si est bien au consort, & en deffaut de luy au seigneur direct.

XXII.

SI le fils ou fille du premier acquereur, à qui est obvenue la chose acquise, vend icelle chose à un des freres ou sœurs descendants de l'acquerant, n'est tenu faire presentation ou declaration aux autres freres ou sœurs.

XXIII.

MAIS si celuy des freres & sœurs qui a achapté la chose acquise par son pere ou mere, ou de son frere ou sœur, la vend autre fois à un estranger, les autres freres & sœurs descendants de l'acquerant, selon l'ordre d'ancienneté, peuvent retenir la chose vendue dedans un mois, à compter du jour que la vendition a esté faite à l'estranger ; & en ce cas aussi sont preferez au seigneur direct.

XXIV.

TOUTESFOIS audit cas, le frere achapteur & après vendeur n'est tenu faire aucune presentation à ses autres freres.

XXV.

ENTRE consorts d'aucune chose immeuble, que bonnement ne se peut diviser, sçavoir est, que si elle étoit divisée, la partie ne vaudroit tant eu esgard à la partie, que le tout eu esgard au tout ; si l'un des consorts est contraint par necessité vendre sa part, & ne peut trouver achapteur, au moyen de ce que la chose ne se peut bonnement diviser; en ce cas telle chose, par experts commis par auctorité de justice, doit estre estimée.

XXVI.

ET ce fait, l'autre consort doit estre contraint à bailler la moitié de l'estimation en argent à son consort, ou bien doit laisser sa part à son compagnon, ou à l'achapteur que le consort a trouvé, pour la moitié de ladite estimation.

XXVII.

ET si cessant necessité, l'un des consorts ne veut demourer en communauté èsdites choses, qui bonnement ne se peuvent diviser, peut requerir que licitation entre les consorts en soit faite.

XXVIII.

PAR la coustume, maison qui n'a seize aunes ou plus de largeur, est dite indivisible.

XXIX.

SI aucun constitué en necessité est contraint vendre tous ses biens immeubles en bloc, pour ce que sans ainsi le faire ne trouve achapteur, ou bien s'il les vendoit par parcelles n'en trouveroit la raison, & desquels biens les aucuns sont de lignée, les autres de conqueste, & les autres en communauté ou consorterie;

XXX.

EN ce cas la presentation de tous lesdits biens en bloc, doit estre faite premierement au consort, & en son refus au plus prochain lignager.

X X X I.

Et s'il y a plusieurs lignagers en pareil degré, au prochain lignager du costé dont aucune ou aucunes desdites choses sont venues.

X X X I I.

Et si elles sont venues de divers costés, à celuy ancien lignager prochain qui est parent de tous costés, à sçavoir est de pere & de mere ; & s'il n'y a parent de tous costés, à celuy ancien qui est parent du costé dont les choses de plus grand valeur sont venues, & si elles sont quasi de mesme valeur, au plus prochain ancien du costé du pere.

X X X I I I.

Et au refus desdits lignagers aux seigneurs des prinfiefs, lesquels susdits par ordre l'un au refus de l'autre, peuvent retenir toutes lesdites choses vendues en bloc, dedans les neuf jours, à mesme prix & conditions que l'achapteur.

X X X I V.

Et s'ils concurent plusieurs consorts, sont tous admis à retirer la chose vendue par le consort, pour & selon les parties & portions qu'ils ont en la chose vendue.

XXXV.

LE vendeur audit cas doit prester serment aux parties pretendants interest au droit de retenue, qu'en la vendition qu'il a faite en bloc, ne commet, n'entend commettre aucun dol ou fraude à leur prejudice, ains que contraint par necessité fait telle vendition en bloc.

XXXVI.

ET pareillement ceux qui feront la retention, feront serment qu'ils veulent les choses pour eux, & non pour autres.

XXXVII.

RESERVÉ le seigneur de prinfief, qui n'est tenu faire ledit serment.

XXXVIII.

QUAND au refus des consorts & plus prochains lignagers, le seigneur de prinfief fait retention de toutes les choses vendues en bloc, le lignager non prochain à qui le vendeur n'auroit esté tenu faire la presentation, peut recouvrer & retenir tous lesdits biens dedans un mois, à compter du temps que le seigneur de prinfief aura fait ladite retention, & aura esté fait par vraye & realle tradition, non fait à cachettes possesseur, ou autre à son adveu, en payant le sort principal & les loyaux decoustements.

XXXIX.

Le temps d'un mois qui est donné aux lignagers non prochains, auxquels le vendeur n'est tenu faire la presentation, court contre tous, soient presents, absents, mineurs & ignorants ; pourveu que la possession ait esté prinse en la façon que dessus, tellement qu'il puisse estre sçu entre les voisins du lieu.

X L.

Si ceux à qui les presentations susdites doivent estre faites, soient consorts, lignagers ou seigneurs, sont moindres de vingt-cinq ans, en ce cas faut que le vendeur fasse la presentation aux tuteurs ou curateurs des mineurs, si aucuns en ont, ou s'ils n'en ont, les en faire pourvoir par justice auxdites fins.

XLI.

Sɪ aucun veut permuter ou donner aucune chose sujette à retention, les parties permutantes & le donnant ou donataire, sont tenus respectivement denoncer & declarer telles permutation & donation à tous ceux auxquels faudroit faire presentation, si les choses se vendoient, & faire serment en leur presence, si requis en sont, sur la tombe du corps saint Monseigneur Saint Lyon, que ès permutation & donation ne commettent fraude au préjudice des dessusdits, auxquels faudroit faire presentation.

XLII.

Eᴛ ce fait, les compermutants & donataires sont mis en possession par les seigneurs des prinfiefs, en payant les droits d'entrée & issue : & n'y a lieu de retention & retrait, posé qu'en la permutation plus grande somme soit retournée, que ne vaut la chose baillée par eschange.

XLIII.

Sɪ aucun habitant de ladite ville & cité vend

navire ou autre bateau, petit ou grand, à un estranger, le voisin de ladite cité le peut retenir pour mesme prix, & à mesmes pactes & conventions ou conditions que l'achapteur; pourveu que ledit voisin le veuille pour naviger pour luy, & non pour le revendre, & de ce doit faire serment.

XLIV.

ET s'il est trouvé après que ledit voisin, sans faire aucun voyage dudit navire, le vende à un estranger, perd ledit navire ou bateau, & est condamné en l'amende de dix livres tournois; le tout applicable à la reparation de ladite ville.

XLV.

EN vendition de vivres, le voisin & habitant de ladite ville est preferé à l'estranger achapteur, en la qualité qu'il luy est necessaire pour sa provision, & de son mesnage, pour demie année ou au dessoubz.

XLVI.

LES hostelliers ou autres, qui logent en leurs maisons marchands estrangers, & reçoivent en leurs maisons, ou autres pour eux deputez, leurs marchandises, en autre temps que de foire, peuvent retenir, si bon leur semble, la moitié des marchandises portées par les estrangers, pour semblable prix & à semblables conditions, qu'elles se vendent à autre voisin de ladite cité ou estranger.

XLVII.

Et s'il fait la retention de la moitié de la marchandise, ne peut demander le droit d'hostellage cy-dessoubz declaré au Titre *des Louages*, en tout ou en partie.

XLVIII.

Indifferemment le consort a droit de retention, tant en choses meubles qu'immeubles, s'ils vendent, louent, assensent ou engagent.

XLIX.

Toutesfois s'il est question de chose immeuble, le consort vendeur ou autrement alienant en la façon que dessus, doit faire les presentation & declaration à son consort ; lequel dedans le delay de neuf jours doit faire la retention en la maniere que dessus.

L.

Et s'il est question de chose meuble, doit seulement notifier à son consort, qui a seulement delay de vingt-quatre heures, pour deliberer s'il la veut retenir : & après lesdites vingt-quatre heures, n'est plus receu.

L I.

Si aucun veut achapter maison pour icelle desmolir, le vendeur doit faire crier à son de trompe, que l'achapteur veut achapter ladite maison afin d'icelle desmolir ou abattre, pour en avoir les matieres ou autrement.

L I I.

Et ledit cry fait, s'il se trouve aucun voisin qui veuille achapter ladite maison, pour la tenir en estre & reparée ; en ce cas iceluy voisin la peut retenir au prix & conventions accordées avec l'achapteur qui la vouloit pour desmolir.

L I I I.

Et sont tenus les vendeur & achapteur declarer le vray prix & conventions par serment, comme dessus a esté dit des lignagers.

TITRE VI.

Quelles choses ne peuvent estre vendues, ou autrement exportées.

I.

AUCUNE piece & sorte d'armure, soit cuirasse, halecret, escrevisse, brigandines, sallades, cabasset, arbalestes, javelines, traits, artillerie, poudre de canon, salpestre, ou autre munition de guerre, quand a esté appliquée, & est du commun de la ville, ne peut estre alienée, ou autrement extraite en façon que ce soit hors ladite ville ; posé que l'on ne la tire hors du Royaume.

II.

ET si ladite armure ou harnois est des particuliers habitants de ladite ville, soit de maistres armuriers ou autres, pareillement par titre de vendition ne peut estre vendue, donnée, ou autrement extraite, en quelque maniere que ce soit, pour estre portée hors du Royaume ; & ce sur la peine telle que de droit commun.

III.

LES maistre & mariniers qui prennent voyage pour aller en guerre ou marchandise, avant que partir doivent declarer par serment entre les mains du Maire ou son lieutenant, quelle artillerie & harnois, & munition de guerre ils portent en leurs navires.

IV.

Et s'obligeront, & bailleront cautions, & jureront de ne vendre aucuns desdits harnois, ne munition, mais les retourneront à Bayonne.

V.

Et quand ils seront de retour, seront tenus de denoncer & declarer audit Maire ou son lieutenant, leurdit retour : & lequel Maire leur baillera un Eschevin pour commissaire, pour visiter les harnois, artillerie & munition, avec le premier inventaire.

VI.

Et s'il est trouvé qu'ils n'ayent retourné toute leur artillerie & harnois, sont punis arbitrairement à la discretion des Maire & conseil, selon l'exigence des cas.

TITRE

TITRE VII.
Des Louages.

I.

LE locateur qui a loué maison pour un an, ou autre temps non perpetuel, ne peut mettre dehors le conducteur avant le terme de location fini.

II.

Sinon que ledit locateur mesme avec sa famille & mesnage, voulust demourer en la maison louée, ou qu'il la vendist à autruy, ou la donnast en faveur de mariage à son fils ou fille, ou autre, posé qu'il ne soit de sa lignée.

III.

Auxquels cas, s'il n'est expressément renoncié à iceux, quelque clause qui soit apposée au contraire, & jurement presté, le locateur peut mettre hors le conducteur.

IV.

Et èsdits cas, si le locateur met dehors le conducteur avant le terme, le conducteur ne

D

paye rien pour raison du temps qu'il a demouré auparavant.

V.

Et s'il avoit payé au commencement, luy est rendu par le locateur, pour raison du temps qu'il s'en faut du louage.

V I.

Si le conducteur pour son plaisir s'en veut aller avant le terme du louage fini, paye neanmoins le louage de tout le temps accordé, tout ainsi que s'il y avoit demouré & accompli le terme.

V I I.

Le terme du louage fini, le locateur (si le conducteur n'a payé) peut par auctorité de justice, faire prendre les biens que le conducteur a mis en la maison louée, & iceux faire vendre & distraire, tout ainsi que dit est au Titre suivant du seigneur de fief.

V I I I.

Et si le conducteur occultement ou autrement sans payer laisse la maison louée, & emporte les biens qu'il y a mis, est contraint par auctorité de justice, sans figure de procès, remettre de ses biens meubles en la chose louée, à double valeur de ce qu'est deu pour raison du louage ; afin que le locateur puisse iceux faire prendre & vendre, en la maniere qu'est dit au Titre suivant.

I X.

Eᴛ à remettre les biens meubles le conducteur est contraint par detention & emprisonnement de sa personne, jusques à ce qu'il a obeï.

X.

Sɪʟ pleut en la maison louée, le conducteur le doit remonstrer au locateur, & le requerir qu'il la fasse reparer : & si le locateur ne le veut faire, le conducteur la peut faire reparer sur le louage.

X I.

Lᴇ conducteur ne peut louer à un autre la maison qu'il a prins à louage, ou recevoir autre qu'il ne soit de sa famille pour y demourer, sans le congé & permission de son locateur.

XII.

Si aucun loue tonne ou tonneaux, pour tenir citre, vulgairement dit *pommade*, durant le temps d'une saison, qui est de deux ans , les doit bailler de telle sorte rhabillés , que le citre n'en sorte; & ce jusques à la Saint-Martin d'hyver , & non plus avant.

XIII.

Et si devant le terme de S. Martin , les tonneau ou tonneaux perdoient le citre , le locateur est tenu au conducteur reparer le dommage qu'il souffre à faute des tonneau ou tonneaux , pour raison du versement d'iceluy citre.

XIV.

Et si le conducteur , avant le terme de deux ans, vend le citre en detail , ou autrement le met hors lesdits tonneaux , iceluy conducteur paye le louage entierement , tout ainsi que s'il avoit tenu les tonneaux le terme entier.

XV.

Et ne tient plus les tonneaux, posé qu'il

y veuille mettre autre citre ou pommade durant ladite saison , sans nouveau louage.

XVI.

Quand le conducteur vend le citre, le locateur, pour obtenir payement de son louage, peut par auctorité de justice faire arrester les derniers deniers qui istront de la vendition du citre, jusques à la somme du louage.

XVII.

Si aucun loue un cheval ou autre beste à chevaucher, & en chevauchant la beste s'affolle, le conducteur qui la chevauche deuëment sans faire outrage à la beste, n'est tenu du dommage, ains est quitte en payant le louage jusques au jour que la beste ne le peut plus servir.

XVIII.

Toutesfois, pour demourer quitte en payant le louage jusques au jour que la beste ne peut plus servir, faut que le conducteur laisse la beste au logis qu'il trouve plus près du lieu où ladite beste est devenue malade ; & s'il n'est plus loin de trois journées, qu'il

envoye incontinent messager exprès au locateur, pour 'advertir du cas. Et s'il est plus loin
que de trois journées, en lieu où il n'ait occasion de sejourner, pourra disposer de ladite
beste comme bon pere de famille, en l'advis
d'un mareschal ou de deux, si au lieu en y a
plusieurs ; & de ce qu'il en fera prendre attestation, qui sera passée pardevant l'ordinaire,
& signée du greffier : & s'il ne fait ce que dit
est, paye le louage entier, tout ainsi que si
ladite beste le eust servi.

X I X.

Sɪ le conducteur charge plus la beste louée
qu'il ne doit, ou la fait aller plus longue jour-
née qu'il n'appartient, ou à plus grande dili-
gence qu'elle ne doit, & pour raison de ce
la beste meurt ou en est affollée, le conducteur est tenu reparer le dommage.

X X.

Sᴇʀᴠɪᴛᴇᴜʀ ou servante qui a loué ses
œuvres par an ou autre temps, & n'a pu servir le temps du louage, pour raison de ma-
ladie ou autrement, si durant le terme de

l'empeschement le maistre a fait les despens au serviteur, le serviteur ou servante, cessant l'empeschement, est tenu servir son maistre deux jours pour un de l'empeschement.

X X I.

Mais si sondit maistre ne luy a fait les despens durant ledit temps de l'empeschement, est quitte servant un jour pour autre.

X X I I.

Pource que la taxe ancienne du droit d'hostellage, ou de louage à marchandises, a esté discontinué à cause de la discontinuation du train de la marchandise, & qu'à present on prend & leve ledit droit d'hostellage en diverses manieres excessivement, & autrement que n'avoit accoustumé estre fait anciennement : & qu'il est expedient pour le soulagement des marchands estrangers, en faire declaration ; a esté ordonné, du consentement des habitants de ladite ville, que doresnavant les marchands estrangers qui feront porter en ladite cité, draps ou autres marchandises venales,

D iv

pendant le temps des foires, payeront les louages des maisons, chaiz ou ouvrouërs, èsquels mettront & tiendront leurs marchandises, ainsi qu'ils accorderont avec les maistres des maisons & ouvrouërs.

XXIII.

MAIS pour raison des marchandises qu'ils feront porter en autre temps, payeront ledit hostellage, si autrement & à moindre prix n'ont accordé avec les seigneurs des maisons, en la façon qui s'ensuit.

XXIV.

A sçavoir est, pour charge de toute espicerie, grenne, huile, acier, toilles, merluz, congres, harengs, sardines, regalice ; six deniers tournois.

XXV.

POUR charge de draps, laine, cuirs de toute sorte, preparez ou à preparer, cothon, bourre, chanvre, chair de pourceau, suif, comptant trois quintaux & demi pour charge, huit deniers tournois.

XXVI.

Pour tonneau de fer, plomb, estain, cuivre, metail, comptant pour tonneau vingt-deux quintaux, douze deniers tournois; & du plus & du moins à l'equipolent.

XXVII.

Pour barril de sardines ou harengs, trois deniers tournois.

XXVIII.

Pour barrique, six deniers tournois.

XXIX.

Et en ensuivant la coustume ancienne, quant à ce, lesdits marchands estrangers payeront seulement les sommes cy-dessus specifiées respectivement, posé qu'ils les tinssent èsdites maisons ou ouvrouërs, par un an entier; & aussi payeront lesdites sommes en les y tenant une nuit seulement.

XXX.

Si le marchand qui apporte telles marchandises, les vend depuis qu'elles auront esté mises èsdites maisons, chaiz ou ouvrouërs, & l'achapteur les laisse en mesme lieu la nuit ensuivant de l'achapt, ou plus haut d'une nuit, est coustume que ledit achapteur paye pareil droit d'hostellage, outre ce que le vendeur doit payer.

XXXI.

MAIS si l'achapteur les laissoit aussi en iceluy lieu l'espace d'un an entier, ne payeroit plus grand droit ; & lequel achapteur n'est tenu payer aucune chose, s'il les fait tirer hors dudit lieu le jour qu'il les a achaptées.

XXXII.

POUR raison du vin du creu des vignes de la jurisdiction de ladite ville, ou d'autre pays estranger, mis en aucunes maisons, chaiz ou caves, est accoustumé payer vingt liards pour tonneau, si l'on n'a fait autre appointement à moindre prix ; & des pipes ou barriques, à l'equipolent, depuis qu'il demoure une nuit : combien que le lendemain, ou dedans deux ou trois jours, en fust mis & tiré dehors, ou vendu en detail ou autrement.

XXXIII.

ET aussi n'est accoustumé payer plus grand

prix pour toute la saison, qu'est jusques à la feste de Saint Michel de septembre ensuivant, après que les vins sont mis èsdites maisons, chaiz ou caves.

XXXIV.

Eᴛ si aucun achapte le vin estant èsdites maisons, chaiz ou caves tout entierement ou en partie, le peut tenir dedans iceux par l'espace de dix nuits, sans rien payer : mais iceux passez, est tenu payer les vingt liards pour tonneau, & à l'aquipolent posé qu'il n'y demourast qu'une nuit seulement : aussi n'est tenu payer plus haut prix, s'il les y tenoit pour toute la saison dessus declarée.

TITRE VIII.

De la forme de lever & recouvrer cens & rentes, & autres droits seigneuriaux ; & d'execution de chose jugée, & de revendeurs publics.

I.

LE seigneur de prinfief ou arrierefief, quand le tenancier est en demeure de payer le devoir, peut, pour raison du dernier terme

seulement, & non pour raison des autres precedents, faire prendre par auctorité de justice
des biens meubles, estans & trouvez dedans
la chose tenue à rente, appartenant au tenancier, ou autre voisin habitant de ladite ville,
qui auroit baillé ses biens en garde au tenancier, ou les luy auroit prestez autrement, que
pour festoyer à nopces, ou à funerailles, ou
autre banquet, pour de l'argent, qui de la
vendition & exploitation desdits biens meubles ystra, estre payé de son devoir.

I I.

DE laquelle faculté de pouvoir faire pren-
pre, sont exceptez harnois, habillements de
guerre, livres, bœufs aratoires, & autres ins-
truments servants au labourage, & aussi à
l'office ou artifice duquel le debteur vit, s'il y a
d'autres biens meubles, ou se mouvants, de
la vendition desquels puisse estre satisfait au
seigneur.

I I I.

LE sergent qui fait telle saisine & prise de
biens meubles, si le tenancier s'oppose, doit

mettre lesdits biens meubles saisis entre les mains d'un prochain voisin du tenancier, & luy assigner jour pour dire ses causes d'opposition, pardevant le Maire ou son lieutenant & conseil.

I V.

Eᴛ lesquels gages ainsi prins & deposez, demeurent pendant le procès de l'opposition, jusques à fin de procès, entre les mains du voisin.

V.

Eᴛ si le tenancier ne s'oppose, le sergent porte les meubles prins & saisis à un des revendeurs ou revenderesses publics de ladite ville, pour iceux estre vendus & distraits.

V I.

Mᴀɪs avant qu'ils puissent estre livrez au dernier encherisseur, faut que le seigneur de fief, à la requeste de qui ils ont esté prins, notifie pardevant le greffier dudit Maire, ou devant deux tesmoins, au tenancier s'il est present, ou en son absence à la famille ou personnes qui sont en la maison, où les gages ont esté prins, ou en la maison où ledit tenancier a accoustumé habiter, le personnage qui a mis prix auxdits meubles, & le prix qu'il en veut donner, luy intimant qu'en deffaut de solution, delivrera iceux biens meubles prins & saisis à l'encherisseur.

VII.

Et trois jours après telle notification faite, & non devant, le seigneur de fief peut livrer lesdits meubles vendus audit encherisseur.

VIII.

Et si en l'absence du greffier telle notification a esté faite devant deux tesmoins, le seigneur de fief ou arrierefief doit aller incontinent avec lesdits tesmoins au greffe du Maire, sans autrement appeller la partie, faire enregistrer la notification, pour laquelle enregistrer le greffier ne doit prendre qu'un liard.

IX.

Si chose tenue d'autruy est vendue, la tradition de la chose vendue, en quelque cas que ce soit, ne doit estre faite par le vendeur à l'achapteur, sans le consentement du seigneur

direct, qui a accoustumé mettre hors de possession le vendeur, & mettre en possesion
l'achapteur, en payant par les vendeur &
achapteur les droits de la saillie & entrée ;
sçavoir est, par chacun desdits vendeur &
achapteur, tant que monte le prinfief & rente
d'une année : & ne prend autre droit pour
lods, ventes & honneurs.

X.

TOUT tenancier, de quelque qualité que ce
soit, soit de prinfief ou arrierefief, s'il n'est
dit au contraire par la baillette, peut guerpir
ou renoncer la chose par luy tenue à rente,
entre les mains de son seigneur, en payant
les arrerages des années passées, si aucunes
en y a, auxquels payer est contraint par prinse
& exploitation de ses biens, si aucuns en a.

XI.

LES sergents de ladite ville, qui prennent
ou gagent aucunes choses meubles par deffaut de payement de chose jugée, ils mettent
la chose entre les mains d'aucun prochain
voisin, si le condamné s'oppose ; & s'il ne

s'oppose, le sergent met la chose par devers le revendeur ou revenderesses publics.

XII.

ET celuy qui a obtenu la sentence en sa faveur, & fait faire l'execution, fait aussi les denonciation, requeste & intimations dessus declarées, avant que la chose soit delivrée à celuy qui la veut achapter.

XIII.

Si le sergent qui fait telle execution à la requeste du seigneur de fief, ou de celuy qui a obtenu sentence en sa faveur, prend aucun gage d'argent, le doit mettre entre les mains d'un des orfevres de ladite ville, pour estre distraits & livrez, les denonciations, requestes & intimations dessus declarées preallablement faites & observées.

XIV.

DEBTEURS de la somme de dix sols tournois ou au dessoubz, sont contraints de payer incontinent, sans avoir terme de quinzaine, ne estre receus à assigner le payement de telle somme sur leurs biens immeubles, que l'on l'on appelle vulgairement *pague de commune.*

X V.

Avant qu'aucun soit accepté ou commis à charge de revendeur ou revenderesse publics, est tenu bailler pleiges & cautions suffisantes de la somme de cinquante livres tournois, pour asseurance des choses qui luy seront baillées pour vendre, & autrement ne sont receus n'acceptez à exercer l'office.

X V I.

Tels revendeurs ont accoustumé prester serment entre les mains du Maire ou son lieutenant, avec l'assistance du conseil, qu'ils vendront les choses qui leur seront baillées au profit des parties, sans aucun dol ou fraude, & qu'ils ne retiendront aucune partie de la somme qui sera presentée pour lesdites choses.

X V I I.

Reservé sol pour livre pour leur salaire.

E

TITRE IX.

D'assignation de dots , donation pour nopces ,
& autres droits de mariage.

I.

SI l'un des conjoints par mariage en pre-
mieres nopces, porte à l'autre biens meubles ou argent , pour dot & donation pour
nopces, celuy des conjoints qui a biens immeubles, est tenu reconnoistre & assigner ladite somme & biens meubles sur tous sesdits
biens immeubles, ou partie d'iceux, ainsi que
est accordé entr'eux.

I I.

Si aucun pour & au nom des conjoints ,
baille & donne simplement sans faire aucun
pacte , de ses biens pour dot ou donation pour
nopces, & après celuy des conjoints au nom
duquel la donation a esté faite, decede, sans
qu'aucune creature vive soit née du mariage ,
la somme ou autres biens baillez pour & au
nom dudit conjoint decedé , retournent à celuy qui a baillé ledit dot ou donation pour

ńopces , s'il est en vie au temps du decès dudit conjoint.

III.

Et si le bailleur ou donnant n'est en vie
au temps du decès du conjoint , au nom duquel il a baillé ou donné les choses données ,
si c'estoient biens avitins & immeubles du donnant, retournent à son heritier ; tellement que
celuy des conjoints au nom duquel telle donation a esté faite , ne peut disposer de tels
biens avitins donnez , soit par testament ou
autrement entre vifs , si n'est en cas de
necessité.

IV.

Et si c'estoient biens meubles ou acquests
du donnant, le conjoint survivant au nom
duquel ont esté donnez , en peut disposer à
sa volonté.

V.

Mais si ledit conjoint ne dispose , les choses baillées ou données par luy, retournent
aux heritiers du bailleur ou donnant predecedé, desduits en tous les cas susdits les fune-

railles & debtes faits durant & constant le mariage.

V I.

CE que dit est a lieu où le pere ou mere, ou autre à qui le donataire pourroit succeder, a baillé ledit dot ou donation pour nopces : mais si c'est un estranger, les choses par luy données en dot ou donation pour nopces, appartiennent irrevocablement à celuy des conjoints au nom de qui ils ont esté donnez par l'estranger, & sont censées de telle nature, comme si le conjoint mesme les avoit baillées, si n'est qu'autrement eust esté dit par l'estranger en les baillant ou donnant.

V I I.

SI le conjoint qui a reconneu, ou autre pour luy, sur ses biens immeubles, la somme ou autres biens meubles portez au nom de dot ou donation pour nopces, predecede sans enfant né vif dudit mariage, celuy qui a apporté ladite somme ou autres biens meubles, à titre de dot ou donation pour nopces, recouvre ce qu'il a porté & baillé.

VIII.

Eᴛ est payé des biens meubles du predecedé, s'il en y a; & s'il n'en y a, tient les
biens immeubles sur lesquels l'assignation a
esté faite, jusques à ce que celuy qui a fait
l'assignation s'il est en vie, ou ses heritiers
s'il est decedé, ayent payé le dot ou donation pour nopces, apporté par le survivant
des conjoints, lequel survivant fait les fruits
siens.

I X.

Sɪ le conjoint survivant ne se veut conten-
ter de tenir & posseder les biens immeubles
sur lesquels luy a esté assuré son dot ou donation pour nopces, mais veut recouvrer ce
qu'il a apporté au nom de luy, & a esté baillé,
peut interpeller & requerir celuy qui l'a assigné, ou ses heritiers s'il n'est en vie, qu'ils luy
payent son dot ou donation pour nopces, ou
qu'ils luy laissent *in solidum* tous les biens sur
lesquels l'assignation ou seureté a esté faite.

X.

Eᴛ si l'assignant ou ses heritiers sont refu-

sants ou delayants , par l'espace de six mois ,
de ce faire , le conjoint survivant peut faire
vendre & distraire lesdits biens , les six mois
passez , pour pouvoir recouvrer de l'argent
qui istra de la vendition desdits biens assignez , pour son dot ou donation pour nopces,

XI.

TOUTESFOIS telle alienation est sujette à
retrait lignager , dedans un mois à compter
du decret interposé.

XII.

SI du mariage ist enfant vif , & après celuy
des conjoints mary ou femme , qui apporte
respectivement dot ou donation pour nopces , predecede , le conjoint survivant gaigne
le dot ou donation pour nopces apporté , posé
ores que l'enfant né vif fust incontinent decedé.

XIII.

O la charge toutesfois de faire honora·
blement les funerailles du predecedé , selon la
qualité de sa personne.

XIV.

ET si audit cas qu'il y ait eu enfant vif , posé

qu'il soit incontinent decedé, celuy des conjoints qui a reconneu & assigné, ou au nom
duquel la reconnoissance a esté faite, predecede, le conjoint qui a porté le dot ou donation pour nopces, tient & possede les biens
sur lesquels l'assignation a esté faite, & d'i-
ceux fait les fruits siens, sa vie durant, posé
ores qu'il convolle à autres nopces.

X V.

Eᴛ après son decès les biens retournent au
prochain lignager d'iceluy qui a fait l'assignation.

X V I.

Eᴛ si au cas susdit y a enfants estans en vie
dudit mariage, le survivant des conjoints est
tenu nourrir les enfants sur les biens assignez,
jusques à ce qu'ils soient en aage de dix-huit
ans.

X V I I.

Eᴛ quand les enfants sont en aage de dix-
huit ans, le survivant est tenu leur bailler à
part & à devis la moitié des biens assignez,
si tous les enfants sont venus en aage.

E iv

XVIII.

Et si les tous ne sont venus en aage , baille part & portion de la moitié aux enfants qui sont venus en aage , eu esgard au nombre des enfants : & ceux qui sont en bas aage nourrist & entretient , jusques à ce qu'ils soient venus à l'aage competant comme dessus.

XIX.

Et de l'autre moitié jouïst sa vie durant , soit en viduité , ou convollé à autres nopces.

XX.

Et après son decès , la moitié de laquelle il a jouï sa vie durant , retourne aux enfants du premier mariage s'ils sont en vie, sinon aux prochains lignagers dont les biens assignez sont provenus.

XXI.

Les funerailles toutesfois , selon la qualité de sa personne , preallablement prinses & payées desdits biens assignez.

XXII.

Et ne recouvre audit cas le survivant aucune chose du dot ou donation pour nopces ,

par luy ou au nom de luy baillée, si n'est
qu'autrement eust esté accordé au contract de
mariage : auquel cas les pactes & conventions
passez & accordez au contract de mariage,
sont gardez.

XXIII.

Lᴇs biens qui ont esté une fois assignez pour
la seureté de dot ou donation pour nopces en
faveur du mariage, s'il y a enfants dudit mariage, en faveur d'autres nopces, ne peuvent
plus estre assignez pour seureté d'autre dot ou
donation pour nopces.

XXIV.

Cᴏɴᴊᴏɪɴᴛs par mariage, dès la benedic-
tion nuptialle receue en face de saincte mere
Eglise, sont communs en tous acquests, tant
meubles qu'immeubles, faits durant & constant leur mariage.

XXV.

Acqᴜᴇsᴛs sont censez tous biens obvenus
à l'un ou à l'autre des conjoints durant leur
mariage, soit par titre d'achapt, legat, donation entre vifs, ou mort, institution

d'heritier , & par autre quelconque titre.

X X V I.

SI n'est qu'ils fussent biens avitins , ou d'autre superieur en droite lignée d'icelle des conjoints à qui lesdites choses fussent obvenues.

X X V I I.

AUQUEL cas , si tels biens avitins ou d'autre superieur , obviennent à l'un desdits conjoints durant leurdit mariage , par succession lucrative , generale ou particuliere , sont propres d'iceluy des conjoints à qui ils sont obvenus , & sont dits vulgairement *biens de papoage* ou *lignage*.

X X V I I I.

LE mary a la totalle administration des acquests faits durant le mariage ; & d'iceux peut disposer entre vifs , à son plaisir & volonté , nonobstant la contradiction de la femme.

X X I X.

SI n'est que le mary fust prodigue notoire , ou que les acquests eussent esté faits par sa femme , & par son industrie , durant ledit mariage.

X X X.

Pᴀʀ testament, le mary ne peut disposer des acquets sans le consentement de sa femme, sinon que de sa moitié.

X X X I.

Lᴀ femme, hors le fait de sa marchandise & les biens d'icelle marchandise, ne peut aucunement vendre, ou autrement aliener les acquests faits par lesdits conjoints durant leur mariage, sans le consentement exprès de son mary.

X X X I I.

Lᴇs debtes faits par l'un des conjoints avant la sollemnisation du mariage, sont payez & satisfaits des biens propres de celuy qui les a faits, & non des acquests, ou des biens propres de l'autre conjoint.

X X X I I I.

Lᴇs debtes qui sont faits constant le mariage, doivent estre payez, premierement des acquests communs, s'il en y a & suffisent; & s'il n'en y a, ou ne suffisent, sont payez des biens de tous lesdits conjoints, par egalles

portions : & si les biens de l'un desdits conjoints ne sont suffisants à payer sa moitié &
portion, ce qui reste est payé entierement
sur les biens de l'autre.

XXXIV.

SINON que celuy des conjoints qui se sent
grevé contre raison & equité, voulsist renoncer à la communauté.

XXXV.

LEQUEL renonçant est tenu monstrer,
que hors le fait de marchandise & sans aucune necessisé, les debtes ont esté contrac-
tés par l'autre conjoint.

XXXVI.

ſ ET si les acquests & biens de lignée desdits
conjoints ne suffisent à payer tous les debtes
faits constant le mariage, le survivant est tenu
payer ce qui reste desdits debtes, des biens
qu'il acquerra après durant sa vie, ou autrement luy adviendront par succession, ou par
quelque autre titre que ce soit.

XXXVII.

SI n'est que, comme dit est, ledit conjoint

survivant eust renoncé, ou voulsist renoncer à la communauté en la façon que dessus.

XXXVIII.

Si la femme, sans le consentement exprès & auctorité de son mary, s'oblige hors le fait de marchandise si elle est marchande, & autrement que pour l'entretenement des biens & heritages & nourriture du mesnage, tel debte n'est payé des acquests communs, ne autrement durant le mariage.

XXXIX.

Toutesfois après le decès de l'un desdits conjoints, est payé sur les biens de la femme, nonobstant le droit successif des prochains lignagers, & quelconque donation ou assignation faite par ladite femme, depuis le debte par elle fait.

X L.

Mais si ledit debte estoit fait par ladite femme marchande, pour raison du fait de sa marchandise, ou pour l'entretenement des biens, ou nourriture du mesnage, est payé comme dessus.

X L I.

Si le mary se constitue pleige pour autruy, les biens de la femme ne peuvent aucunement estre obligez pour telle pleigerie : ne pareillement les biens du mary, si la femme se constitue pleige pour autruy.

X L I I.

Le mary ou autre qui a assigné, ne peut vendre, ne autrement aliener, sans le consentement de la femme, les biens immeubles sur lesquels il a assigné le dot de la femme, ou autrement les y a monstrez en faveur de mariage : ne aussi les biens appartenants à sadite femme, à elle obvenus de lignée ou papoage, par droit de succession generale ou particuliere. Et mesme decision est gardée en biens assignez pour donation pour nopces.

X L I I I.

Tant le mary que la femme peuvent vendre, permuter, ou autrement aliener, sans le consentement l'un de l'autre, leurs biens de lignée obvenus par succession universelle ou particuliere.

XLIV.

Sɪ n'est que auparavant eussent esté assignez pour dot ou donation pour nopces, comme dit est.

XLV.

Qᴜᴀɴᴅ l'un des conjoints decedé sans faire testament, delaisse enfants communs dudit mariage, le survivant doit faire bon & loyal inventaire des biens meubles & immeubles acquis durant le mariage, & des biens propres du conjoint decedé, pour & afin que les enfants puissent connoistre, quels biens leur peuvent eschoir, pour raison du decès de leur pere ou mere & de la communauté, les funerailles du deffunct & debtes faits durant le mariage, payez.

XLVI.

Eᴛ se doit purger par serment sur l'autel Saint-Pierre, en presence du Maire ou son lieutenant, & des enfants s'ils sont en aage, ou sinon devant les tuteurs ou curateurs, que bien & loyaument a fait ledit inventaire.

XLVII.

Ou le conjoint survivant ne feroit l'inventaire, soy purgeant moyennant serment en la façon que dessus, les enfants du mariage demeurent communs en acquests avec le survivant, soit qu'il demeure en viduité ou convolle à autres nopces, jusques à ce qu'il a fait ledit inventaire, avec ladite purgation.

XLVIII.

En telle maniere, que des biens que le survivant acquiert estant en viduité, ou qui sont acquis convollant à autres nopces, par luy & son autre conjoint, jusques à l'inventaire fait par la maniere que dessus, la moitié en appartient aux enfants du premier mariage, & l'autre moitié au conjoint survivant, s'il ne convolle à autres nopces, ou s'il a convollé, à luy & à son autre conjoint : & ainsi chacun des conjoints, des biens acquis durant leur dernier mariage, n'a qu'une quarte partie.

XLIX.

Et si le conjoint survivant fait bon & loyal inventaire en la forme que dessus, par lequel
puisse

puisse apparoir de la part ou valleur d'icelle, que les enfants ont ès biens meubles & immeubles acquis durant le mariage de leur pere & mere, & quels autres biens peuvent estre obvenus par le decès du conjoint predecedé, leur pere ou mere; & le survivant veut entretenir & nourrir les enfants, jusques à ce qu'ils soient en aage, & bailler caution de rendre la part & biens des enfants sains & entiers, quand seront venus en aage, en aussi bonne qualité qu'ils estoient au temps du decès du deffunct : en celuy cas jouïst de la part & biens des enfants, & en fait les fruits siens, jusques à ce que les enfants soient de l'aage de dix-huit ans, chacun en son endroit, pour prendre sa portion qu'il peut avoir en la partie & biens, eu esgard au nombre des enfants.

L.

Si aucun des conjoints avec le consentement de l'autre, pour eviter la confection d'inventaire, laisse aux enfants communs portion certaine des biens par son testament, auquel nomme executeurs, le conjoint survivant, en nourrissant & entretenant les enfants, & baillant la caution telle que dessus, jouïst, fans faire inventaire, de la portion par le teftateur ou teftateresse declarée, & fait les fruits siens, jusques à ce que lesdits enfants soient dudit aage de dix-huit ans.

L I.

ET au refus du survivant, ou après sa mort, le proche des enfants mineurs qui est de l'aage de vingt-cinq ans, a le bail & detention, & non les executeurs nommez au testament.

L I I.

SINON qu'il eust esté dit expressément par le testateur.

TITRE X.

Des Tuteurs & Curateurs ; comment ils doi-vent estre receus & contraincts.

I.

AUx Maire & conseil, & en jour de con-seil, appartient donner tuteurs ou cura-teurs aux pupilles, mineurs, prodigues ou au-tres, à qui de droit commun doit estre donné curateur.

I I.

A laquelle donation de tutelle ou curatelle sont appellez les parents, alliez & amis; & d'iceux doivent deputer deux parents plus proches, l'un du costé du pere, & l'autre du costé de la mere, si, inquisition faite, sont trouvez capables & idoines.

I I I.

Aᴜᴛʀᴇᴍᴇɴᴛ y doit estre pourveu de tels personnages, parents, affins, ou estrangers, qui par inquisition seront trouvez idoines.

I V.

Cᴇᴜx qui sont ordonnez tuteurs ou curateurs par le Maire & conseil, sont contraincts prendre ladite charge, par detention & emprisonnement de leurs personnes, & à prester le serment sur l'autel Saint-Pierre, en tel cas requis & accoustumé.

V.

Sɪɴoɴ qu'ils fissent promptement apparoir d'aucune excusation suffisante & raisonnable.

V I.

Tᴜᴛᴇᴜʀs ou curateurs ordonnez par tes-

tament ou par justice, sont tenus faire bon
& loyal inventaire de tous biens meubles &
immeubles, noms, actions & autres, par le
commissaire qui est deputé par le Maire &
son conseil : & retiendront pardevers eux un
inventaire signé du commissaire & greffier de
la ville, & un autre en est enregistré au registre de la ville, pour l'indemnité desdits mineurs & pourveus.

V I I.

ET en deffaut de ce, encourent la peine de
cinquante livres tournois, applicables la moitié auxdits mineurs & pourveus, & l'autre
moitié à la reparation de ladite ville.

V I I I.

ET les commissaire & greffier qui faillent &
obmettent de signer & enregistrer bien & loyaument tous & chacuns les biens èsdits inven-
taires, encourent pareille amende de cinquante
livres tournois, chacun en droit soy, applicable comme dit est.

I X.

ET sont outre condamnez les tuteurs ou

curateurs, commissaire & greffier respectivement, en tous les despens, dommages &
interests desdits mineurs & pourveus.

TITRE XI.
Des Testaments.

I.

MASLE estant hors la puissance d'autruy,
de l'aage de quatorze ans, & femelle de
treize accomplis, peuvent faire testament.

II.

TESTAMENT fait devant un notaire pu-
blic, par luy redigé en escrit, & signé en presence de deux tesmoins, est bon & vallable,
soit fait par maniere de testament solemnel,
ou nuncupatif.

III.

TESTAMENT fait en temps de peste devant
deux tesmoins, masles ou femelles, de bonne
vie & honneste conversation, a valleur & efficace, soit le testament par escrit ou sans escrit :
& s'il est redigé en escrit, celuy qui l'a des-
crit est compté pour un tesmoin.

IV.

TESTAMENT escrit de la main du testateur, posé qu'il n'y ait aucun tesmoin, est bon & vallable.

V.

TOUTESFOIS, du consentement des habitants de ladite ville, doresnavant au dos y aura deux tesmoins signez, ou un notaire, lesquels après le decès du testateur, reconnoistront leurs seings devant le Maire ou son lieutenant.

V I.

LE pere & la mere par leur testament, des biens papoaux & avitins, peuvent entre leurs enfants, & non autres, disposer à leur plaisir & volonté, & peuvent avantager l'un des enfants plus que l'autre, ou laisser à l'un le tout, ainsi que bon leur semblera.

V I I.

SAUF la lar, qu'est la principale maison, de laquelle ne peuvent disposer, qu'elle ne demeure au premier enfant masle, ou s'il n'y a masle, à la premiere fille.

VIII.

Eᴛ s'il y a plusieurs maisons principales, l'aisné ou l'aisnée aura le choix.

IX.

Tᴏᴜᴛᴇsғois doresnavant, du consente‑ ment des habitants de ladite ville, a esté sta‑ tué, que si le pere ou mere donnent ou lais‑ sent tous lesdits biens avitins à un des en‑ fants, chacun des autres enfants pourra que‑ reller & demander èsdits biens avitins, la moi‑ tié de ce que pourroit monter la legitime telle que de droit.

X.

Eɴ laquelle toutesfois n'est comptée la mai‑ son principale, qu'est deuë à l'aisné par la coustume, si le pere ou la mere a donné ou laissé lesdits biens à un des puisnez.

XI.

Cᴇʟᴜʏ qui n'a point d'enfants, par son testament peut disposer des biens avitins à son plaisir & volonté, entre les parents dont les biens sont venus, & les laisser tous à l'un d'iceux, si bon luy semble.

X I I.

RESERVÉ de la maison principale , laquelle
doit tousjours demeurer au premier frere , ou
celuy qui le represente, ou sœur après, s'il
n'y a freres.

X I I I.

ET s'il n'y a freres ne sœurs , ne iceux re-
presentants, à l'aisné des cousins germains ;
& ainsi des autres en plus loin degré en deffaut de cousins germains.

X I V.

TOUTE personne estant en aage de tester,
posé qu'il soit en puissance d'autruy , ait enfants ou non, peut disposer des biens meubles & immeubles , par luy & son industrie
acquis en vie & en mort, par quelque titre
que ce soit, & à tel personnage qu'il veut,
fils ou estranger , à son plaisir & volonté.

X V.

SANS ce qu'aucun des enfants puisse im-
pugner telle disposition & volonté , par pre-
terition ou autrement , si n'est doresnavant
jusques à ladite portion que dessus.

TITRE XII.
Des Successions legitimes.

I.

A Cᴇʟᴜʏ qui decede sans faire testament, succedent premierement les descendants en droite ligne, tant masles que femelles, & esgallement par teste, s'ils sont en pareil degré ; & s'ils sont en divers degrez par branchages, en tous biens, tant avitins que acquests, non assignez pour mariage.

I I.

Exᴄᴇᴘᴛᴇ́ en la lar ou maison principale du deffunct, obvenue de l'ayeul par succession.

I I I.

LᴀQᴜᴇʟʟᴇ par la coustume est deue par preciput au masle aisné ; & en deffaut de masle, à l'aisnée femelle.

I V.

Tᴏᴜᴛᴇsғᴏɪs s'il y a plusieurs maisons principales, l'aisné, ou l'aisnée en deffaut, en a seulement une de plusieurs à son choix.

V.

ET ce, quand plusieurs maisons principales obviennent toutes d'un costé.

V I.

MAIS si elles sont obvenues de divers costés des ascendants en droite ligne, l'aisné ou
l'aisnée respectivement en la succession d'un
chacun des ascendants, a une maison principale par preciput, en la façon que dessus.

V I I.

ET est deue ladite lar ou maison principale
par la coustume, à l'aisné, ou à l'aisnée en
deffaut de masles; de telle sorte que posé que
le deffunct n'ait autres biens que la lar & maison obvenue de ligne, en icelle maison les
autres enfants puisnez n'y peuvent rien quereller, soit par legitime ou autrement en façon que ce soit.

V I I I.

ÈS biens assignez pour dot ou donation
pour nopces, en faveur d'un de plusieurs mariages, succedent au decedé sans testament
les descendants du mariage en faveur duquel

les biens ont esté assignez ; les enfants des autres mariages exclus.

I X.

Sᴀᴜғ toutesvoyes aux enfants des autres mariages la legitime ou supplement d'icelle, telle que dessus au Titre *des Testaments*, èsdits biens assignez, si l'assignation est immoderée.

X.

Eɴ deffaut de descendant ès biens acquis par le decedé sans faire testament, succede en la moitié de tels biens celuy des pere ou mere qui sont en vie, ou tous les deux par esgalles parties, s'ils sont en vie au temps du decès de l'enfant acquerant.

X I.

Eᴛ l'autre moitié est exposée pour l'ame du deffunct, les freres & sœurs du deffunct totallement exclus.

X I I.

Eᴛ en deffaut de descendants & de pere & de mere, en la moitié des biens acquis par le decedé sans faire testament, succedent par

branchages esgallement les freres & sœurs de
tous costez, avec les enfants des freres &
sœurs de mesme qualité predecedez, les freres & sœurs d'un seul costé totallement exclus.

XIII.

ET en deffaut de freres & sœurs de tous
costez & de leurs enfants, succedent les freres & sœurs d'un costé, avec les enfants des
freres & sœurs de mesme qualité, predecedez
en la maniere que dessus.

XIV.

NON faite aucune difference, soient ou fussent du costé du pere ou de la mere.

XV.

ET en deffaut de tous freres & sœurs & de
leurs enfants, ladite moitié est divisée entre
les parents plus prochains, tant du costé du
pere que de la mere, posé qu'ils ne soient
en pareil degré : assavoir est, que la moitié
de ladite moitié est baillée aux parents plus
prochains du costé du pere, entre lesquels
est divisée par teste, & l'autre partie aux

parties plus proches du costé de la mere, entre lesquels pareillement est divisée par teste.

XVI.

Des biens de conqueste faits par les pere ou mere durant leur mariage, obvenus à l'enfant decedé sans enfants & faire testament, la moitié est exposée pour l'ame du deffunct, & à l'autre moitié succede celuy des pere ou mere qui est en vie, les freres & sœurs du deffunct totallement exclus.

XVII.

Et en deffaut des pere ou mere, en la moitié de tels biens de conqueste faits par le pere ou mere durant leur mariage, & par leur succession, ou de l'un d'eux obvenus à l'enfant après decedé sans faire testament, succedent par branchages esgallement les freres & sœurs, avec les enfants des freres & sœurs predecedez, du costé dont les biens sont obvenus.

XVIII.

Et posé qu'ils ne soient ou fussent freres ou sœurs que dudit costé dont ils sont obvenus, succedent avec les freres & sœurs de tous costez.

X I X.

ET en deffaut des freres ou sœurs du costé dont lesdits biens de conqueste sont obvenus, & de leurs enfants, succedent en ladite moitié ceux qui se trouvent plus prochains parents descendants du costé dont lesdits biens de conqueste sont obvenus, appellez vulgairement *riere-neveux*.

X X.

ET en deffaut de tels parents descendants de l'acquerant, ladite moitié est divisée entre les plus prochains parents, tant du costé du pere que de la mere, posé qu'ils ne soient en pareil degré & en la façon qu'a esté dit de la moitié des biens acquis par le decedé.

X X I.

LA moitié desdits biens, tant de conqueste faite par les pere & mere durant leur mariage, que des acquests faits par le decedé, en tous lesdits cas reservée pour l'ame du deffunct.

X X I I.

ET ce que dit est, ès biens de conqueste faits par les pere & mere durant leur mariage,

& ès biens acquis par le decedé sans faire testament, & pere & mere, freres & sœurs, &
enfants d'eux, a lieu quand le decedé n'estoit
marié. Car s'il estoit marié au temps de son
decès, tels biens sont divisez en trois parties,
dont l'une est exposée pour l'ame du deffunct,
& l'autre appartient au mary ou femme survivant.

XXIII.

Eᴛ l'autre tierce partie est baillée, faite dis-
tinction des biens de conqueste faits par le
pere ou mere, & des biens acquis par le decedé, comme il a esté dit ès articles precedents de la moitié, quand le decedé sans faire
testament & sans enfants, pere & mere, freres & sœurs & enfants d'iceux, n'estoit marié.

XXIV.

Sᴜᴄᴄᴇssɪᴏɴ de biens avitins, ou de conqueste faits par les pere ou mere devant leur
mariage solemnisé, ne monte jamais, soit en
droite ligne ou transversalle, tant qu'il y a
des parents collatereaux du decedé en pareil
branchage, ou plus bas branchage trans-

versal, que le decedé, descendant du trónc
de l'acquerant.

XXV.

AINS ès biens de telle qualité, au decedé
sans enfants & faire testament, succedent par
branchages esgallement les freres & sœurs du
costé dont tels biens sont obvenus, avec les
enfants des freres & sœurs de telle qualité
predecedez.

XXVI.

NON faite aucune discrepance entre les freres & sœurs de tous costez, & freres & sœurs
du costé dont les biens sont obvenus, les pere
& mere & autres ascendants du tout exclus
de la succession de tels biens.

XXVII.

RESERVÉ toutesvoyes audit cas & biens
avitins, par preciput la lar ou maison principale au frere aisné, ou à son enfant : & en
deffaut de freres & leurs enfants, à la sœur
aisnée ou à son enfant aisné.

XXVIII.

ET en deffaut de freres & de sœurs du
costé

costé dont lesdits biens sont obvenus , & de leurs enfants ;

XXIX.

En tels biens succedent par teste les plus prochains transversaux , s'ils sont plusieurs estants en pareil degré , & en plus bas que le decedé , du costé dont lesdits biens sont obvenus , les pere & mere & autres ascendants en droite ligne , & tous transversaux estants en plus haut branchage que le decedé (posé qu'ils soient descendus de l'acquerant), & descendants desdits transversaux estants en plus haut branchage , jaçoit qu'ils soient plus prochains au decedé , de telle succession exclus.

XXX.

Reservé aussi en ce cas par préciput ès biens avitins à l'aisné masle , ou en deffaut de masle à l'aisnée femelle , s'ils sont plusieurs qui succedent , la maison principalle.

XXXI.

Et en deffaut de tels collateraux en pareil ou plus bas que le decedé descendants de l'acquerant, en tels biens succedent les collateraux

G

plus prochains de plus haut branchage que le decedé, descendants du tronc de l'acquerant: lequel cas peut advenir seulement en biens avitins.

XXXII.

ET en deffaut de tous collateraux descendants du tronc de l'acquerant, en la moitié desdits biens avitins, & de conqueste faite par les pere & mere avant le mariage, a lieu & est gardé en la succession du deffunct sans testament, ce qui a esté dit ès articles parlants de biens acquis par le decedé, ou de conqueste faite par les pere & mere durant leur mariage, & par leur succession obvenue au decedé, & l'autre moitié est exposée pour l'ame du deffunct.

XXXIII.

ET ce quand le decedé n'est marié. Car si au temps de son decès estoit marié, les biens sont divisez en trois parties; comme pareillement a esté dit dessus des biens acquis par le decedé, & de conqueste faite par les pere & mere durant leur mariage.

XXXIV.

Cᴇ que dit est de la maniere de succeder en biens avitins , ou de conqueste faite par les pere ou mere avant le mariage, ou iceluy durant obvenus au decedé sans enfants & faire testament , a lieu où ils sont obvenus au decedé par succession universelle ou particuliere , escheue par mort. Car si tels biens sont provenus au decedé sans enfants & faire testament, par donation entre vifs, soit simple ou causée par dot , donation pour nopces ou autrement, ils retournent au donnant s'il est en vie ; posé qu'il n'ait esté dit en faisant la donation : & si le donnant n'est en vie, est gardé ce que dessus en ce Titre est dit ès articles faisants mention de la forme de succeder en tels biens.

XXXV.

Pᴀʀ le lar deu pour raison du droit d'aisnesse , est entendu par la Coustume la maison principalle , provenue de l'ayeul de degré en degré ; c'est assavoir, que le pere du nepveu en droite ligne ait survescu à son pere &

ayeul dudit nepveu , & tenu par succession la maison provenue dudit ayeul.

XXXVI.

Et quand il est dit en la Coustume de plusieurs lars principaux, s'entend de plusieurs maisons nommées de divers noms , provenues d'ayeul en la façon que dessus, ou de plus haut branchage en droite ligne.

XXXVII.

Religieux mendiant ou autre ne peut succeder, n'user de retention comme lignager.

XXXVIII.

Entre bastards legitimes freres de pere & de mere, si l'un d'eux decede sans faire testament & sans enfants, l'autre ou autres survivants luy succedent.

XXXIX.

Et si tous les bastards legitimes decedent sans faire testament & sans enfants , les plus prochains lignagers de loyal mariage , tant du pere que de la mere, s'il y en a de tous costez, succedent au dernier decedé.

TITRE XIII.
Des Prescriptions.

I.

Cᴇʟᴜʏ qui comme vray seigneur a tenu & possedé aucune chose immeuble, present, sçachant & non contredisant celuy à qui la chose est obligée, qui est majeur de vingt-cinq ans, par sept ans & un jour, par ledit laps de temps a prescrit la chose, tant contre le seigneur que contre le crediteur.

I I.

Sɪ n'est que fust le debteur principal ou son heritier, auquel cas droit commun est gardé.

I I I.

Cʀᴇᴅɪᴛᴇᴜʀ sans escriture publique majeur de vingt-cinq ans, qui après le decès de son debteur ne vient dedans neuf jours, s'il est present au lieu où son debteur est decedé, monstrer & declarer son debte aux heritiers ou biens tenants de son debteur.

I V.

Oᴜ si le crediteur qui n'est present, ne

G iij

monstre ou declare son debte en la maniere que dessus, dedans neuf jours après qu'il est revenu, perd son debte.

V.

Sɪ aucun habitant de ladite ville & cité, qui a basti, planté vigne ou verger, ou autrement peuplé au fond d'autruy, majeur de vingt-cinq ans, present & sçachant le seigneur du fond & non contredisant, tient & possede la chose bastie, ou autrement peuplée par l'espace de sept ans continuels & consecutifs, sans estre inquieté en jugement par le seigneur du fond, ne peut après ledit temps estre inquieté, obstant exception de prescription.

V I.

Eᴛ si durant ledit temps de sept ans le seigneur veut poursuivre son droit, faut avant toute œuvre, qu'il paye ou offre payer, en jugement ou devant notaire & tesmoins, les loyaux decoustements.

V I I.

Tᴇɴᴀɴᴄɪᴇʀ de prinfief interpellé chacun an par son seigneur direct, durant l'espace de

sept ans continuels & consecutifs, de payer
le devoir, qui est en demeure de payer par
ledit laps de temps, perd la seigneurie utile
qu'il a en la chose, & est consolidée avec la
directe.

VIII.

Sɪ n'est que la chose eust esté donnée au
possesseur, par deffaut de ne vouloir bastir
ou reparer, selon la Coustume de ladite ville
cy - dessoubz inserée au Titre *des Édifices
privez.*

TITRE XIV.
*Des matieres de Bans, Arrests, Adveuz,
& autres empeschements.*

I.

Sɪ aucun habitant de ladite ville & cité de
Bayonne veut mettre ban, adveu, arrest,
ou autre empeschement , sur aucune chose
meuble, ou sur les fruits pendants en chose
immeuble, pour raison de ce qu'il pretend la
chose meuble luy appartenir, ou autre debte
luy estre deu par le possesseur desdites choses

meubles ou immeubles, où y a fruits pendants, doit aller pardevant le Maire ou son lieutenant ; & s'il est question de debte, luy faire apparoir promptement par lettres, ou autres enseignements suffisants, & luy requerir les ban, arrest ou empeschement.

I I.

Et le Maire ou son lieutenant, quand il est question de debte, si le requerant luy en fait apparoir par lettres ou autres enseignements suffisants, doit bailler un sergent au requerant pour aller poser ledit ban aux choses meubles qui ne se meuvent & fruits pendants, ou faire ledit arrest ès choses de soy mouvantes.

I I I.

Et s'il est requis faire mettre le ban sur fruits pendants ou chose immeuble, ledit sergent doit mettre une ou plusieurs croix en enseigne dudit ban, ou y mettre pannonceaux ou autre signe de ban.

I V.

Si le seigneur de la chose bannie ou arrestée n'est present, ledit sergent luy doit signifier ledit apposement de ban, arrest ou autre empeschement.

V.

Eт dès ladite signification la chose demeure empeschée ou arrestée, jusques à ce que partie ait contenté ou satisfait celuy qui a fait faire l'empeschement, ou que autrement en soit ordonné par justice.

V I.

Sɪ celuy contre qui le ban, arrest ou autre empeschement a esté fait, en contemnant l'auctorité de justice, oste les croix ou autres signes de ban, ou transporte & mene les choses meubles en soy mouvant hors le lieu où elles ont esté arrestées ou empeschées, sans avoir accordé avec partie, & celuy qui a fait faire l'empeschement s'en deult & plaint en justice;

V I I.

Tᴇʟ contemnant decheoit de toutes exceptions declinatoires, dilatoires & peremptoires, & est condamné envers l'impetrant sans autre figure de procès; & davantaige en l'amende de cinquante sols tournois, applicable aux reparations de la ville.

VIII.

MAIS pour faire lever le ban ou autre empeschement, la partie deffenderesse doit aller au greffe de la court dud. Maire, & illec doit bailler cautions bourgeoises d'estre & fournir à droit, & payer toute chose jugée : de quoy est fait acte par le greffier, & duquel acte ledit greffier prend un sol tournois.

IX.

ET ce fait, sans obtenir autre main-levée de justice, peut iceluy deffendeur faire à son plaisir & volonté de la chose arrestée.

X.

SINON qu'il fust question d'exhiber la chose en jugement, pour ce que par adventure l'impetrant la pretend estre sienne, & icelle veut vendiquer.

XI.

CAR en tel cas tient l'arrest ou empeschement, nonobstant la caution baillée.

XII.

S'IL y a plusieurs crediteurs qui ayent fait empescher ou arrester une chose meuble, ou fruits pendants , tous estants diligents à faire apparoir de leur debte, sont payez de l'argent qui yst de la vendition des choses arrestées , selon l'ordre de leur ban & arrest.

XIII.

Toutesfois si le premier impetrant de ban est negligent à faire apparoir de son debte & proceder ; celuy après qui est plus diligent est preferé au precedent ou precedents negligents.

XIV.

Si le dernier impetrant ban ou arrest veut payer les autres impetrants , confirme son debte, & tient la chose bannie ou arrestée, jusques à ce qu'il est entierement payé, tant de sa somme que des autres sommes qu'il aura payées aux autres impetrants.

XV.

Et si le deffendeur delaye payer, peut faire vendre par auctorité de justice la chose bannie ou arrestée, jusques à ce qu'il l'ait entierement payé, tant de sa somme que des autres sommes qu'il aura payées aux autres impetrants.

TITRE XV.
Des Criées , Subhastations & Interposition de decret.

I.

QUAND aucune chose immeuble est exposée venale , les criées sont faites à son de
trompe & par la crie de ladite ville , appellé
un sergent, qui après que la trompe a sonné,
lit de mot à mot la forme du cry accoustumé
en ladite ville, & ladite crie le prononce &
profere à haute voix.

II.

ET tel cry est fait de neuf en neuf jours,
comptant & inclus èsdits neuf jours le jour
que la criée se fait, & ce en la neufiesme de
ladite criée, & non en la neufiesme de la criée
après suivant.

III.

LES criées ont accoustumé estre faites en
lieux & carrefours qui s'ensuivent: sçavoir est ,
la premiere criée à la place publique; le second
cry aux carrefours du bout de la rue du Pont-

majeur & de rue Orbe, de la Saillie & porte du Castet; le tiers cry à l'autre carrefour de ladite rue du Pont-majeur vers le pont Saint-Esprit; & le quart au bourg Saint-Esprit, & après au carrefour de la rue du Bourg-neuf près le convent des Freres Prescheurs; pareillement au milieu de la rue de Panecau, & aussi au bout de ladite rue vers le pont de Bertaco; semblablement au carrefour du Port-du-peys vers la rue des Basques; & au carrefour de la rue de Saulvaignac, & au carrefour de la rue Majeur; vers la boucherie devers le bas, & en un autre devers le haut; vers la rue des Faures, vers la rue de l'Evesque : & montent en tout douze crys par chacune criée.

IV.

Sɪ lesdites criées sont faites en plus briefs jours que de neuf, ne sont aucunement vallables.

V.

Mᴀɪs si elles sont faites en plus longs jours, & discontinuées du consentement de l'impetrant, sont neantmoins bonnes & vallables;

pourveu que telle discontinuation ou proro-
gation ne soit plus longue que de quinze jours
outre lesdits neuf, entre l'une & l'autre desdites criées.

V I.

CHACUN desdits trompette, sergent & crie,
pour chacun jour qu'ils font les douze crys,
pour leur salaire ont un sol tournois.

V I I.

LE dernier encherisseur, huit jours après
la sentence de decret prononcée, doit vuider
ses mains de la somme par luy offerte, & icelle
mettre entre les mains du tresorier de ladite
ville, pour icelle somme estre delivrée à l'impetrant & autres crediteurs, tout ainsi qu'il est
declaré par le decret & ordre des crediteurs.

V I I I.

ET à ce faire sont contraints les encheris-
seurs par toutes voyes & manieres deuës &
raisonnables.

I X.

ET outre ladite contrainte le refusant de-
layant outre le terme de huit jours, encourra

d'ores en avant l'amende de cent sols tournois, applicable à la reparation de ladite ville.

X.

L'ɪᴍᴘᴇᴛʀᴀɴᴛ des criées au payement de son debte n'est preferé aux opposants qui ont hypotheque precedente en datte , ou plus privilegiée.

X I.

Mᴀɪs aux frais & mises qu'il a faits èsdites criées, est preferé à tous crediteurs ; posé qu'ils ayent hypotheque precedente ou plus privilegiée.

TITRE XVI.

Des Executions d'instrument garantigioné, vulgairement nommé ʀᴏʟʟᴀᴛ.

I.

Cᴇʟᴜʏ qui est obligé en rollat peut estre executé par auctorité du Maire & son conseil, sans tenir aucun ordre de droit, & peut estre contraint à payer la somme, par detention de sa personne, par distraction de biens meubles ou immeubles ; & une execution ou cohertion ne doit cesser pour l'autre.

II.

Et en tel cas les solemnités des criées escrites cy-dessus ne sont gardées aucunement.

III.

Et s'il est opposant , il sera ouï , tenant prison pendant le procès ; & par ce la distraction ne cesse , ne aussi par appellation , sans toutesvoyes prejudice d'icelle : car la matiere d'appel est plaidoyée & poursuitte pardevant le juge d'appel.

TITRE XVII.
Des Edifices privez.

I.

S I aucun fait fondement de muraille ou d'autre chose en fond de terre commune , & asseoit aucun fondement moitié au fond de son voisin , sans avoir de ce certifié son compagnon ou voisin , & en leur absence sans appeller les experts jurés , nommés vulgairement les *jurés de les pobles* , la partie qui se sent grevée peut requerir tel bastiment estre abattu

&

& desmoli, ou conclure à l'interest : & celuy qui a fondé sans garder ce que dit est, condamné à desmolir, ou à l'interest par ledit Maire & conseil, au choix du requerant.

II.

Si aucun veut bastir sur muraille, ou autre bastiment par avant basti & fondé par moitié au fond de deux voisins, doit payer la moitié de ce que la muraille ou autre bastiment par avant fait a cousté : si son autre voisin seul la fait bastir à ses despens, selon l'estimation qu'est faite par experts, & ce avant que mettre ou poser trayne ou chevrons sur ladite muraille & autre bastiment.

III.

Sinon que autrement en ait appointé avec sa partie.

IV.

Quand deux voisins ont fait bastir muraille commune entr'eux, & l'un d'eux la veut de son costé lever plus haut, faire le peut à ses despens.

H

V.

TOUTESFOIS en levant & bastissant plus haut, ne peut occuper que la moitié de la muraille devers son costé, sur laquelle est tenu porter son eaue.

V I.

SI n'est que le voisin consente qu'il puisse lever la muraille en son entier & espesseur : & audit cas si l'autre voisin veut bastir en ladite muraille commune montée par le voisin à ses despens, paye la moitié des despens que le voisin a faits seul, en montant la muraille en son entier ou espesseur, plus qu'elle n'auroit esté edifiée aux communs despens.

V I I.

ET si aucun des voisins qui ont leurs maisons contigues, & l'entre-deux d'icelles de bois & de brique, fondé en fond commun, & loué esgallement, & sur iceluy mis gouttiere commune pour porter l'eaue de leurs maisons, veut lever sa maison plus haut que celle de son voisin, doit mettre une panne de bois devers son costé, au long de l'autre panne commune qui soustient la gouttiere commune, & sur icelle panne nouvellement mise de son costé, lever sa maison tant qu'il luy plaira, & mettre gouttiere pour porter son eaue, en maniere qu'il ne porte dommage à l'autre maison de son voisin.

VIII.

S'il y a aucune place non edifiée, ou maison ruineuse en ladite ville, le Maire ou son lieutenant peut faire commandement au seigneur de la place & maison ruineuse, qu'il ait à bastir ladite place, ou reparer ladite maison, dedans tel temps qu'il luy semble estre competent pour ce faire.

IX.

Et si dans le temps ainsi prefigé par le Maire ou son lieutenant, les seigneurs desdites places & maisons ruineuses n'ont basti ou reparé, ledit Maire ou son lieutenant peut faire commandement au syndic de ladite ville, de vendre telles places & maisons ruineuses, & icelles delivrer au plus offrant, ô la charge d'edifier lesdites places, reparer & tenir en

bon estat lesdites maisons ruineuses ; à quoy
faire le dernier encherisseur est tenu soy obliger : & si aucune somme de deniers en est
trouvée, à ladite charge d'edifier ou reparer,
est baillée au premier seigneur de la place ou
maison ruineuse.

X.

ET si le syndic ne peut trouver achapteur
desdites places & maisons ruineuses , pour
raison de ce qu'elles sont chargées de rente
ou autrement, peut iceluy syndic sommer &
requerir le seigneur de fief ou rierefief , de bastir lesdites places & maisons ruineuses ; &
sera preferé le seigneur de rierefief à bastir.

X I.

ET si les seigneurs de fief ou rierefief ne le
veullent faire , le Maire ou son lieutenant les
peut bailler à tels personnages qui les voudront prendre pour bastir ou reparer respectivement, à telle condition & faculté, que celuy qui les prend n'est tenu payer aucune
rente au seigneur de fief ou rierefief, tant qu'il
tiendra lesdites places basties & reparées.

XII.

Sɪ ce n'est que lesdites choses fussent te-
nues du Roy.

XIII.

Eᴛ après la baillette ainsi faite par les Maire
& conseil, ne sera loisible ne permis au seigneur de fief ou rierefief, n'à celuy qui auparavant avoit esté seigneur utile desdites places ou maisons ruineuses, icelles recouvrer
avant six ans passez, à compter du temps de
l'edifice & reparation faite, ne après, sans
preallablement payer ce que celuy qui a prins
lesdites places & maisons ruineuses, a frayé
& despendu à reparer ou bastir lesdites places
& maisons, à l'esgard des jurez des pobles,
ou de deux gens de bien esleus par les parties.

XIV.

Sɪ le seigneur de prinfief ou rierefief, & le
seigneur utile qui estoit auparavant ladite baillette, concurrent à vouloir recouvrer les places & maisons ruineuses, ainsi basties ou reparées par celuy qui les a prinses, le seigneur
utile qui auparavant estoit, & ses heritiers

descendants en droite ligne , est preferé au
seigneur de prinfief ou rierefief, & le seigneur
de rierefief au seigneur de prinfief.

X V.

Et celuy qui a ainsi recouvert lesdites places ou maisons ruineuses, n'est tenu payer
aucuns arrerages de rente ; mais dès-lors en
avant continuera seulement le payement des
devoirs deuz pour raison desdites choses.

X V I.

Si n'est que le seigneur de prinfief & direct
le retirast en deffaut des autres , qui n'est tenu
payer aucune sous-rente en sous-acasement.

TITRE XVIII.
Des reparations de Ponts , Fossez &
Chemins voisinaux.

I.

SI ponts ou fossez, dits vulgairement *estez*,
ou autres chemins voisinaux , à plusieurs
gens qui ont heritages , auxquels heritages les
voisins ont accoustumé aller par lesdits ponts,
fossez ou chemins , ont besoin estre reparez ,

un ou plusieurs seigneurs desdits heritages
peuvent requerir les seigneurs des autres heritages qui ont passage par lesdits lieux, qu'ils
contribuent à ladite reparation pour leur cotte-
part & portion : & en cas de refus ou delay,
l'un d'eux, ou plusieurs qui se peuvent accorder, font ladite reparation.

I I.

Eᴛ icelle faite portent le compte d'icelle au
Maire ou son lieutenant, & le verifient par
serment.

I I I.

Eᴛ ce fait, le Maire ou son lieutenant contraint chacun des autres parsonniers à payer
leur cotte-part & portion de ladite reparation,
ayant esgard à la qualité des heritages, & ser-
vitudes de la chose reparée, sans autre ordre
de procès.

I V.

Eᴛ sont executez & pignorez, comme pour
chose connue & jugée.

V.

Eᴛ s'ils sont opposants à telle execution,

ne sont ouïs sans garnir preallablement la main de justice.

V I.

Toutes les tours & murailles vieilles de ladite ville, depuis le port de Saut jusques au Chasteau-vieux, sont du Roy & de la ville, & non des particuliers : & ceux qui s'en servent les tiennent en garde & en nom de precaire, pour leur particulier service, tant qu'il plaira au Roy & aux Maire & Eschevins de la ville, & autrement jusques qu'ils en auront à besoigner pour la deffense de la ville, ou pour y mettre l'artillerie, poudres, munitions, ou pierres de fonte, ou autre chose qu'il plaira à ceux qui en ont principallement la charge.

V I I.

Que ceux qui les tiennent les doivent tenir bien nettes, couvertes, & en estat, qu'elles ne tombent en ruine : ou autrement sont tenus de les reparer à leurs despens.

V I I I.

Est deffendu auxdits detenteurs qu'ils ne rompent en tout ou en partie lesdites tours

& murailles, pour y faire aucun bastiment, sur peine de cinquante livres tournois, applicables à la reparation & fortification des murailles & tours ; & outre sont tenus retourner au premier estat, à leurs despens, tout ce qu'ils auront fait ou desfait.

IX.

Les detenteurs ne doivent vendre ou alliener lesdites tours, murailles, ou partie d'icelles, ne alleguer aucune possession ou prescription, en quelque maniere que ce soit, & fust-elle de mill'ans.

TITRE XIX.
Des Matieres possessoires.

I.

SI aucun se dit expolié par force & violence, sans port d'armes & assemblée de gens (duquel cas la connoissance appartient seulement au Roy & à ses Officiers), doit avoir recours au Maire & conseil, lesquels se doivent transporter sur le lieu contentieux, & illec ouïr les parties sommairement, & de plain recevoir

& ouïr les tesmoins produits sur la saisine & dessaisine; & si les parties veullent produire, donner un seul delay à produire : lequel escheu, sans autre assignation, s'il leur appert de la saisine & dessaisine, incontinent doivent reintegrer & restituer l'expolié en sa possession, nonobstant appellation quelconque, sans prejudice d'icelle.

II.

TOUTESFOIS, s'il y a appel, ne procedent outre au principal pendant ledit appel.

III.

MAIS s'il n'y a appel incontinent remise la partie expoliée, baillent assignation aux parties, pour proceder sur le principal de la matiere pardevant le Maire : & tout ainsi en est il, s'il est question de violence ablative & rapine des choses meubles.

TITRE XX.

Des Engagements & Hypotheques de biens meubles & immeubles.

I.

OU le debteur baille à son creancier sa maison ou heritage, pour assurance de ce qu'il luy doit, le creancier doit entretenir telle maison en estat, & faire labourer l'heritage des œuvres necessaires , & payer aussi les fiefs & rentes à qui il appartient, le faisant sçavoir au debteur ou à son procureur, ou commis en son absence , & recevoir le surplus des fruits provenant de telle maison ou heritage , en deduction de la somme deue.

I I.

ET doit le crediteur, par ladite Coustume, notifier au debteur la quantité des fruits , & les faire apprecier, luy appellé, par les experts jurez.

I I I.

LE debteur peut retenir les fruits pour le prix, qu'il luy est declaré par le creancier ou experts, ou trouver aucun qui plus en voudra donner.

I V.

TOUTESFOIS où le debteur ne retient les fruits, le creancier les peut retenir pour semblable prix que les estrangers : & s'il ne les veut retenir, sont delivrez à celuy qui plus en presente.

V.

SI le crediteur qui a prins telle maison ou heritage en gage de son debte, veut louer ou assenser telle maison ou heritage, le debteur principal est preferé à retenir tel louage ou assense, en baillant bonne caution au creancier de payer le prix qu'un autre en veut bailler, & de luy retourner la chose après le temps du louage ou assense fini & parachevé.

V I.

ET en cas que le debteur ne veuille faire telle retention, le crediteur la peut bailler & delivrer à un autre.

V I I.

SI l'on achapte secretement aucune maison

ou autre heritage , & laisse le vendeur en sa possession par un an ; si le vendeur fait après le contract aucuns debtes, & decede sans iceux payer , ils sont payez sur ladite chose ainsi occultement achaptée, s'il n'y a autres biens du debteur decedé pour satisfaire.

VIII.

Si le debteur baille en gage à son crean-cier aucune chose meuble , le creancier la doit bien & deuement garder.

IX.

Et si telle chose meuble se gaste ou dete-riore par sa coulpe , iceluy creancier doit repa-rer le dommage , à l'ordonnance de justice.

X.

Ou entre le debteur & creancier n'est accordé ou prefigé aucun terme , après lequel soit permis au creancier vendre la chose meu-ble obligée, le creancier doit denoncer au deb-teur, qu'il veut faire vendre la chose , & de-clarer l'achapteur & le prix qu'il en veut don-ner, & lui faire faire commandement par aucto-rité de justice, qu'il aille sur les lieux où est la chose engagée, voir la presentation que l'on fera.

X I.

ET si le debteur est negligent de ce faire, & ne retient ladite chose pour luy ou pour autre dedans trois jours, la vendition qui en est faite est bonne & vallable, comme dessus a esté dit au Tit. de la *Forme de lever cens & rentes.*

X I I.

ET si le prix provenu de telle chose meuble n'est suffisant pour le payement du creancier, le debteur doit fournir le reste de ses autres biens.

X I I I.

AUSSI si le prix surmonte la somme du debte & despens, le surplus doit estre rendu au debteur.

X I V.

SI la chose baillée en gage se perd estant soubs le pouvoir du creancier, le crediteur perd la somme, & aussi le debteur la plus valeur de la chose engagée & perdue.

X V.

Sɪɴᴏɴ que la perdition fust advenue par faute & coulpe du crediteur.

X V I.

Aᴜǫᴜᴇʟ cas le crediteur paye le surplus au debteur.

TITRE XXI.

Des Personnages qui s'obligent, chacun pour le tout.

I.

Sɪ deux ou plusieurs voisins & habitants sont obligez envers aucun creancier, l'un pour l'autre , & chacun pour le tout, & le creancier fait convenir l'un desdits obligez pardevant le Maire ou son lieutenant, ou autre juge, & luy demande toute la somme ; si le convenu monstre & fait apparoir que les autres obligez ses compagnons ont des biens pour payer leur part & portion du debte, le convenu est quitte en payant sa portion seulement :

I I.

Nᴏɴᴏʙsᴛᴀɴᴛ toutes renonciations faites

& jurement presté devant le notaire qui avoit stipulé ladite obligation :

III.

SINON qu'il eust expressément renoncé à la Coustume de ladite ville & cité, en presence du Maire ou son lieutenant.

TITRE XXII.
Des Fourniers.

I.

LEs fourniers doivent cuire le pain de telle sorte & façon, que l'un pain ne touche l'autre, & qu'il ne soit mal cuit ou bruslé. Et au cas qu'il soit trouvé le contraire, le fournier doit prendre le pain, & en faire à son plaisir, & payer au seigneur du pain ce que le bled luy a cousté, & le quart davantage pour l'interest.

II.

LES fourniers sont tenus de cuire en leurs fours le pain des voisins & habitants de ladite cité, à raison de trois den. tourn. pour conque, & pour pain blanc vendable six den. tourn.

TIT.

TITRE XXIII.
Des Moulins.

I.

SI aucun habitant de ladite cité baille de-dans le moulin au mosnier, ou au lieu de la descharge au deschargeur, ses sacs de bled; si les sacs de bled se perdent, ou le bled se gaste, les mosniers ou deschargeurs qui ont prins ledit bled, payent entierement ce que le bled a cousté au seigneur d'iceluy, qui en est creu par son serment : ou si lesdits mos-niers ou deschargeurs n'ont de quoy payer, le seigneur du moulin est tenu payer le bled perdu ou gasté.

II.

LES seigneurs des moulins ou leurs mos-niers sont tenus moudre les bleds des voisins & habitants de ladite ville, en prenant la dix-huitieme partie du bled moulu, & non plus, sans prendre denier ne maille.

III.

SI n'est depuis la feste de sainct Jean-Bap-

I

tisté, jusques à la feste de sainct Michel de
septembre; auquel temps doivent prendre,
outre ladite dix-huitieme partie, un denier obo-
le pour conque de bled.

IV.

S'IL est necessaire reparer aucun moulin
commun à plusieurs, celuy qui veut faire la
reparation doit requerir les autres consorts,
que chacun contribue à ladite reparation,
pour sa cotte-part & portion.

V.

ET en cas de refus, le requerant peut faire
la reparation ; & icelle faite, sommer les autres consorts, s'ils sont en la ville, de voir,
ouïr & arrester les comptes de ses fourniteurs.

VI.

ET si lesdits consorts refusent, ou de-
layent, ou ne sont en ladite ville de Bayonne, celuy qui a reparé fait & arreste le compte avec deux autres personnages, deputez
par le Maire ou son lieutenant, lequel arresté
laisse devers eux.

VII.

Eᴛ ce fait, se paye par ses mains de la somme qu'il a fournie èsdites reparations, des fruits provenants du moulin, & prend la conque de froment en payement, huit deniers meilleur marché qu'il ne se vend au marché, & quatre deniers moins la conque du mil, jusques à ce qu'il soit entierement payé de ce qu'il a fourni & avancé pour les reparations.

VIII.

Lᴇs seigneurs des moulins peuvent tenir ès maisons de la descharge ou charge du bled & farines de leurs moulins, poids pour poiser les bleds & farines de ceux qui portent bled pour moudre, sans toutesfois en prendre ou exiger aucun droit.

IX.

Le poids du bled & farine doit estre de cinquante-quatre livres pour conque, & vingt-sept livres pour demie conque, & de treize livres & demie pour le quart : & pour ce doit poiser la conque de farine sans le sac cinquante livr. & la demie conque & quart à l'equipolent.

X.

MAIS il en faut defalquer & rabattre de chacune conque de farine trois livres desdites cinquante-quatre, qui est pour le droit du mosnier, lequel l'on appelle communément *la dix-
huitieme puignere de la conque* : & à l'equipolent de la demie conque & du quart.

X I.

ET ainsi doit poiser la conque de farine sans
le sac cinquante-une livres.

X I I.

SI le seigneur du moulin ou mosnier ne
rend le vray poids, & y commet fraude, est
tenu rendre ce qui deffaut du vray poids : outre
paye l'amende de vingt sols tournois, moitié
applicable à la reparation de ladite ville, & l'autre moitié à partie interessée.

TITRE XXIV.
*Des Dommages donnez par feu, ou ruine
de maisons.*

I.

QUAND au moyen de feu qui se prend à
un four commun de ladite ville, les mai-

sons circonvoisines ou autres sont bruslées ou abattues, pour éviter plus grand feu & dommage, le seigneur du four est tenu reparer le dommage, tant des maisons bruslées que perdues, ou meuble qui s'est perdu & gasté, de la valleur duquel meuble sont creus par serment les perdants & endommagez.

II.

Si tel dommage vient par feu venant d'autre maison particuliere, le seigneur d'icelle & conducteur, s'il en y a, l'un pour l'autre & chacun pour le tout, est tenu reparer tel dommage.

III.

Et si le feu est advenu par dol, coulpe ou fraude d'aucun, qui n'est solvable, il est prins au corps, precedant informations, & puni corporellement, selon l'exigence du cas.

TITRE XXV.

Des Adulteres, Concubins, tant Prestres, Religieux, que autres.

I.

CRIME d'adultere pour la premiere fois, est puni à peine de courir la ville sans fustigation , & de bannissement arbitraire de la ville & jurisdiction.

I I.

Et la seconde fois , par fustigation publi-que & bannissement perpetuel.

I I I.

Et les maquerelles pour la premiere fois , sont fustigées par les carrefours , & bannies à perpetuité.

I V.

Et pour la seconde fois , condamnées à mort.

V.

Au crime d'adultere meslé avec inceste ou d'inceste seul , a lieu la peine de fustigation par les carrefours de la ville , & de bannissement du Royaume à perpetuité : posé ores que le mary ou femme ne soient complaignants ou accusateurs l'un de l'autre.

V I.

Les concubines des prestres ou religieux , & qui demeurent avec eux & les servent con-tinuellement , sont de la jurisdiction & cohertion desdits Maire & conseil, tant quant à la connoissance dudit crime, qu'en autres matieres ; & l'Évesque ne autre juge ecclesiastique n'y a que voir ni connoistre.

TITRE XXVI.

Des Amendes & Punitions de blessure, & autres battemens ou excès faits à personnes.

I.

CELUY qui tire couteau, espée, ou autre harnois emoulu, ou leve barre en rixe, pour blesser ou endommager celuy avec qui il a desbat, jaçoit qu'il ne fasse que desgueiner, ou lever la barre, sans faire autre chose ; encourt l'amende de soixante sols tournois.

I I.

ET s'il tire outre soy, essayant de frapper, posé qu'il ne frappe, encourt l'amende de six livres tournois.

. I I I.

ET qui estant de l'aage de seize ans ou plus, tire pierre contre autruy, posé qu'il ne touche, encourt l'amende de dix livres tournois.

I V.

ET qui tire une javeline ou un dart, ou desserre une arbaleste ayant trait dessus, soit materas, garrot ou autre ; posé qu'il ne touche, encourt l'amende de vingt-cinq livres tournois ; applicables lesdites amendes, la moitié à la partie, & l'autre moitié à la reparation de ladite ville.

V.

ET s'il blesse, paye la somme de quarante livres tournois d'amende, applicable comme dessus.

V I.

ET neantmoins pour le port d'armes, eu esgard au temps & lieu que le delict a esté commis, à la qualité du delinquant & de l'outrage, le jugeant, outre ladite amende, peut punir le delinquant arbitrairement.

V I I.

SI celuy qui a fait lesdits excès ne peut payer lesdites amendes, est accoustumé le tenir en prison, & luy est desduit deux sols tournois pour chacun jour, jusques à ce que ladite amende susdite qu'il devoit payer, soit du tout defalquée & rabattue.

VIII.

Eт neantmoins pour la punition arbitraire, si le jugeant voit qu'elle y escheoit outre ladite amende taxée par la Coustume, après ladite satisfaction d'amende taxée ; demeure en prison aux despens de l'instigant, jusques à son procès fait, ou autrement ainsi que ledit jugeant advisera.

IX.

Eт s'il est trouvé que ladite traite d'armes ait esté faite pour soy deffendre, & non pour offenser, n'y a encourement des loix ny amendes.

X.

Cᴇʟᴜʏ qui provoque par chaleur, & sans propos deliberé baille soufflet ou coup de pied, encourt l'amende de soixante sols tournois, si pour ledit coup n'en est ensuivie difformité en la personne du battu.

XI.

Pᴏᴜʀ les cas ou delicts communs de propos deliberé, ont lieu les peines telles que de droit, & accoustumées observer en ce Royaume.

XII.

QUAND le Maire ou son lieutenant & conseil fait commandement à aucuns voisins & habitants de la cité, au cas dessusdit; c'est à sçavoir, de n'injurier ou mal tracter de fait ou de dit l'un à l'autre, ou de tenir arrest ou prison, & de n'envoyer ou porter harnois contre aucun autre, ou l'invader: si celuy à qui est inhibé & deffendu, fait le contraire; dès ce qu'il fait le contraire, encourt l'amende de cent livres tournois, applicable à la reparation de ladite ville.

XIII.

ET après faites informations sur ce, il appert de l'infraction des inhibitions, l'infracteur est pignoré & gagé : & s'il s'oppose la main garnie des biens meubles ou immeubles, jusques à la valeur, est ouï au long, & non autrement.

XIV.

ET où le transgresseur desdites inhibitions

n'a aucuns biens pour payer l'amende, il est banni, s'il n'aime mieux demeurer en prison un an & trente-cinq jours.

XV.

Ladite amende ne peut estre remise ne pardonnée, sans le vouloir & commune opinion du Maire ou son lieutenant & Eschevins jurez, & vingt-quatre conseillers de ladite ville, ou la graigneur partie d'iceux en commune assemblée.

XVI.

Est requis, avant que l'infracteur puisse estre condamné à payer ladite amende, que partie adverse fasse apparoir au Maire & conseil, par acte ou instrument du greffe ou d'autres notaires publics, que lesdites inhibitions & commandements ont esté faits.

XVII.

Outre ladite amende, l'infracteur pour soy ou autres interposées personnes, doit estre condamné à reparer le dommage, selon les coustumes par ci-devant escrites : & autrement comme de droit & raison, & en peine corporelle, si le cas le requiert.

XVIII.

Par coustume & ancien usage en ladite ville, observé & gardé en matiere d'injures verbales ou realles, l'injurié doit bailler sa plainte par escrit au Maire & conseil en jugement ou dehors ; au pied de laquelle doit nommer les tesmoins par lesquels entend prouver le contenu en sa plainte.

XIX.

Et après le Maire ou son lieutenant fait faire informations par l'enquesteur ordinaire & à gage de ladite ville, sur le contenu en ladite plainte.

XX.

Lesquelles informations faites, l'enquesteur les doit bailler audit lieutenant, ou clerc ordinaire, pour les rapporter en conseil : & icelles rapportées & veues, ledit lieutenant & conseil octroyent prinse de corps contre le coulpable, ou adjournement personnel, selon l'exigence des cas. Lequel prins au corps ou adjourné comparant est ouï & examiné par un des Eschevins, appellé avec luy le greffier de la court : & s'il n'est question de mort ou mutilation de membre, est eslargi par le Maire & conseil avec cautions.

X X I.

ET ce fait ledit plaignant fait adjourner partie adverse s'il est eslargi, & prend ses conclusions : & en cas de negative, fait recoller ses tesmoins, qui jurent judiciairement, partie appellée ou son procureur.

X X I I.

ET commettent lesdits Maire ou son lieutenant & conseil, ou des gens dudit conseil, avec le greffier, pour faire ledit recollement, & assignent parties pour rapporter & publier ledit recollement, & au deffendeur pour bailler ses attenuations & justifications. Lesquelles justifications baillées, le procès est mis en droit & veu sommairement : & si en rapportant ledit procès, ils trouvent que les faits & moyens desdites justifications soient recevables, ils reçoivent partie à y faire preuve.

X X I I I.

LAQUELLE faite & rapportée, derechef est

mis le procès en droit sans objects : sinon que la partie sans delay en jugement le voulsist dire de bouche, pour en faire acte.

XXIV.

INFAME n'est celuy qui provoque, & est condamné pour raison d'injure verbale ou realle, dite ou faite sans propos deliberé & en chaleur.

TITRE XXVII.
Des faux Poids & Mesures.

I.

TOUT homme ou femme, qui est trouvé avoir fait mauvais poids ou mesure, doit estre condamné en l'amende de dix livres tournois par ledit Maire & conseil, applicable à la reparation de ladite ville.

II.

VENDEURS à poids & mesure ne doivent user de deux poids & mesures, les uns pour achapter, & les autres pour vendre ; sur peine d'estre punis comme faussaires, & de payer l'amende de cent livres tournois, applicables à la reparation de ladite cité.

I I I.

Lᴇ quintal doit poiser quatre-vingt-seize livres , & la livre quatorze onces & demie : & le demi-quintal, demie livre & quart à l'equipollent , sur peine que dessus.

I V.

Tᴀɴᴛ en temps de foires, marchez, que autres , en vendant & achaptant draps de soye, ribans , ou autres draps, n'est permis d'user d'autre aulne ou verge, que de celle qui ait la marque de ladite ville & lettre de B ; & ce sur peine de vingt-cinq livres tournois , applicables les deux parties à la reparation de la ville , & l'autre tierce partie à celuy qui le revele.

TITRE XXVIII.

De la Forme de proceder au Jugement des crimes exigeants mort ou autre peine corporelle, & de l'execution d'icelle.

I.

Quand le Maire, Eschevins & conseil condamnent aucune personne à prendre peine corporelle où il y a effusion de sang ,

& que l'execution doit estre faite par l'executeur de la haute justice, est accoustumé à faire tel jugement appeller le Prevost-royal de ladite ville, ou son lieutenant : & incontinent la sentence donnée, la delivrance du criminel condamné est faite audit Prevost, qui doit faire mettre ladite sentence à execution.

TITRE XXIX.

Des Biens des condamnez à mort.

I.

PAR la Coustume de la ville de Bayonne, pour quelque crime que ce soit, les biens du delinquant ne sont confisquez au Roy, que pour un an, les immeubles seulement ; & après l'an fini, retournent aux heritiers du delinquant.

II.

EXCEPTÉ en crime de leze-Majesté, auquel jamais les biens ne retournent aux heritiers, ains sont confisquez à perpetuité.

TIT.

TITRE XXX.
Quels sont dits Voisins.

I.

L'ON est dit voisin de ladite ville en une des trois manieres qui s'ensuivent : c'est à sça-voir, quand aucun est fils ou fille natif de la-dite ville.

II.

SECONDEMENT, quand un estranger se vient marier en ladite ville , & prend une fille en mariage d'un voisin ou voisine de ladite ville ; ou une fille estrange se vient marier avec un voisin ou fils de voisin , & demeurent & habitent ensemble en ladite ville.

III.

TIERCEMENT, quand un estranger ou es-trangere veut habiter en ladite ville , & ledit Maire & conseil l'admettent & reçoivent voi-sin de grace : auquel cas est tenu payer une piece d'artillerie, ou autre harnois, ou somme, pour la grace qu'on luy fait , pour icelle em-ployer à la munition & forteresse de ladite

K

ville , & prester le serment de voisin en tel cas accoustumé.

IV.

AUTREMENT les habitants & demeurants en ladite ville , ne peuvent estre dits voisins, pour jouïr desdites franchises & libertés ; posé ores qu'ils eussent presté le serment de voisin.

V.

QUAND aucun desdits voisins s'en va habiter ailleurs hors ladite ville (excepté cas de nécessité, comme de mortalité, guerre ou autre), il perd les droits, franchises & libertez de ladite ville.

VI.

ET s'il y veut retourner, avant qu'il puisse jouïr desdits droits & franchises , il doit demeurer & tenir residence en ladite ville , & porter les charges par un an & jour.

VII.

NATIF de la ville qui va demeurer en service de marchandise ou autrement en autre part , ne doit jouïr desdites libertez & privileges , tant qu'il demeure audit service : mais incontinent après qu'il a changé son habitation & domicille, & retourne demeurer en ladite ville, sans propos & deliberation de retourner au premier estat de service, doit jouïr desdites franchises, privileges & libertez; pourveu que avant toute œuvre, il se purge par serment entre les mains dudit Maire & conseil, qu'il n'entend s'en retourner pour demeurer ailleurs.

TITRE XXXI.
De faire Statuts.
I.

LE Maire ou son lieutenant, Eschevins & conseil de ladite ville, peuvent faire statuts concernants le bien & police de la ville & jurisdiction d'icelle : & tels statuts, tant faits que à faire, ont force & valleur ; pourveu qu'ils ne soient contre les Coustumes cy-dessus inserées, ou contre droit commun, ou les droits du Roy.

ARREST

De la Court de Parlement.

L A Court , ouy le rapport de Messire Mon-
dot de la Marthonnie , Chevalier & Premier-
President , & Maistre Compagnet d'Arman-
dariz Conseiller en ladite Court , Commissai-
res deputez par le Roy à rediger , reformer &
arrester les Coustumes de la Seneschaussée
des Lannes , a decreté & decrete par maniere
de loy, les Coustumes de la Ville , Cité &
Prevosté de Bayonne , redigées & arrestées
par lesdits Commissaires , ci-dessus inserées
& escrites en unze peaux de parchemin : & a
ordonné & ordonne , que d'ors-en-avant ne sera
loisible à aucun habitant de ladite Ville &
Prevosté d'icelle , alleguer pour coustume au-
cune chose , qu'elle ne soit escrite au livre
coustumier dessus transcrit. Toutesfois par
maniere de statut faire le pourront , s'il est

qualifié selon qu'il est contenu au dernier ar-
ticle dudit livre coustumier. FAIT *à Bour-*
deaus en Parlement, le neufiesme jour de
Juin mill' cinq cent quatorze.

Ainsi signé,　　DE MARSILLAC.

✾✾✾✾✾✾✾✾✾✾✾✾✾✾✾✾✾✾

EXTRAIT DU PROCÈS - VERBAL
en original, transcrit à folio 407 sur un
vieux registre en bonne forme déposé aux
archives de l'Hôtel-de Ville de Bayonne:
ledit procès-verbal dressé par Monsieur Ga-
briel Dusault, Seigneur de l'Espine & de
Ferron, Baron de Hinx, Conseiller du
Roi, Lieutenant-général en la Sénéchaussée
& Siege Présidial d'Ax, Commissaire dé-
puté par la souveraine Cour du Parlement
de Bordeaux, par arrêts des 17ᵉ février &
15ᵉ septembre 1618, pour le Syndic de la
Ville de Bayonne & autres ayant intérêt,
appellés pour borner, tant la jurisdiction de
la Ville de Bayonne, que l'étendue des an-
ciens dets : *ledit procès-verbal daté au com-*
mencement, du 8ᵉ juillet 1619 & jours
suivants.

LA JURISDICTION de lad. Ville de Bayonne s'étend, puis les chaînes qui sont vers
la tour de Sault, & montant la riviere du

Nive à main dextre, comme s'ensuit : Premié-
rement, la maison & terres appartenantes à
Martin Detchemby, la maison & terres de
Jean Cemil & Christofle Lanter, le vergier à
pommiers appartenant à Pierre Duvergier de
Joannis, la prairie de Saint-Gachies, les prairies & maison de Lauga ; la prairie, maison &
vigne de la Floride, la piece de Manos, la prairie de Nayets, la prairie de Chemeton, la
prairie de Cruchette, la piece praire de Bida-
chen, les prairies de Casalins, de Lucia & la
Blanque de Jean Bounas. Plus les héritages
de Peyrelongue, Martinoth, de Larbeau, Michel Ho, Dibarbide, Dibos, autrement de
Lalande, de Sainte-Croix ou de Lagarde, Chi-
con, du Luc. Plus les prairies de Petrio, de
Larrondouette, la Garande, Lombarde ; la
maison, port & vigne de Prodins ; l'héritage
de Gamoart, l'héritage de Montplesy, la
prairie de Hauranne & Martinsco, & celle du
Luc ; prairies & maisons de Moisset, les prairies de Suarce, celles d'Arregoarde avec leurs
maisons, la prairie de Haugous, la prairie de

Picatrois & la prairie d'Ethenique, qui con-
fronte le port d'Arrauts, & jusques où s'étend
ladite jurisdiction ; & dudit port d'Arrauts jusques au lieu de Chiste, sont les prairies du
sieur d'Amou, Baillif de Labourt ; la prairie
de Haitze, la prairie de Dalcangoux, la prairie du Luc, celle de Hiribeyty, de Berraulte,
de Jacob, de Lalande & de Castetnau, près
le bois de la Chiste : toutes lesquelles confron-
tent du côté du Nive les susdites prairies, &
du côté du couchant les terres & padouans
des parroisses de Belsussarry & Sustarren en
la parroisse d'Anglet : toutes lesquelles terres
basses payent la dixme audit Curé-majeur &
Chapitre susdit, & sont, comme dit est, de
la jurisdiction de ladite Ville inclusivement.

*Extrait de la description de la Jurisdiction
de Bayonne dans la partie qui est hors la
porte Saint-Léon.*

LADITE jurisdiction hors la porte Saint-
Léon, est tirant au midi & occident. Premié-
rement par lad. riviere du Nive, terres basses,

prairies à icelles adjacentes & voisines d'un tenant, puis la Ville jusques à l'estier & port communément appellé d'*Arrauts*, la prairie qui borne ledit estier, étant communément appellée d'*Etchenique* ; & en la terre-ferme du même côté vers l'occident, puis lad. riviere du Nive jusques au carrefour qui est au-devant la maison de *l'Oustau-blanc*, par les héritages de Monplesy, Vissarra, de Hauranne & de Castetnau inclusivement ; auquel carrefour abotissent les chemins tirant de Bayonne à Sustarren, Arcangos, Mariblanque, Arbonne & ailleurs ; ensemble celui qui tire dudit Bayonne au pont d'Urdaings, à Arritzague & Anglet ; & laissant ladite maison de l'Oustau-blanc à main droite, comme étant de ladite jurisdiction, faut descendre le long du jardin dudit l'Oustau-blanc vers le ruisseau & étang du moulin d'Arritzague & celui d'Onsac, & jusqu'au chemin royal & de poste étant sur le terrier d'Onsac, qui va de France en Espagne, lequel il faut prendre à main droite vers ladite Ville, passant par-dessus les anciennes digues : tout ce qui est à main droite vers ladite riviere du Nive, comprend la jurisdiction de ladite Ville & terroir hors ladite porte Saint-Léon.

EXTRAIT de l'arrêt de la Cour de Parlement de Bordeaux, du 28 mai 1621 ; entre le SYNDIC *de la Ville de Bayonne, Demandeur d'une part ; & les* PATRON ET CLAVIERS *des Artisans de ladite Ville, Défendeurs d'autre.*

DIT a été, que la Cour faisant droit des fins & conclusions des parties , a ordonné & ordonne que la description & montrée faite par ledit Syndic de la jurisdiction de Bayonne, sortira son plein & entier effet. Fait inhibitions & défenses , tant auxdits Patron & Claviers, que tous autres bourgeois & habitants dudit Bayonne , de contrevenir à l'arrêt du 17 février 1618, à peine de mille livres & de tous dépens, dommages & intérêts. Condamne lesdits Patron & Claviers audit nom, envers ledit Syndic, aux dépens, iceux, & pour cause, modérés à la somme de cent livres. Dit aux parties, à Bordeaux en Parlement, le vingt-huitieme de mai mil six cent vingt-un. *Ainsi signé*, DE PONTAC. *& collationné.*

Je soussigné Secrétaire de la Ville, certifie que les extraits ci-dessus sont véritables & conformes à ce qui est déposé à l'Hôtel-de-Ville. Signé *LESSEPS Secrét.*

TABLE.

(157)

F I N.

.

www.ingramcontent.com/pod-product-compliance
Lightning Source LLC
Chambersburg PA
CBHW070753290326
41931CB00011BA/1996